Der Lenormand Check

Grundlagen
für den professionellen
Umgang mit den Karten

Die Autorin

Kathleen Bergmann ist Lenormandexpertin, Autorin, Bloggerin und Designerin. Zum Thema Lenormand schrieb sie mehrere Bestseller, gründete 2011 den ersten deutschen Lenormandblog und betreibt einen erfolgreichen YouTube-Kanal. Sie entwickelt und gestaltet ihre eigenen Kartendecks und andere Produkte rund um die Welt des Lenormand, die sie in ihrem Onlineshop inzwischen auch international vertreibt. Sie lebt heute an der Ostsee.

Kathleen Bergmann

DER LENORMAND CHECK

Grundlagen
für den professionellen
Umgang mit den Karten

SHAKER
MEDIA

Die in diesem Buch enthaltenen Informationen und Ratschläge sind nicht dazu gedacht, die Beratung durch einen Arzt oder Therapeuten zu ersetzen. Eine Haftung der Autorin oder des Verlags ist ausgeschlossen.

Bibliografische Information der Deutschen Bibliothek
Die Deutsche Bibliothek verzeichnet diese Publikation in der Deutschen Nationalbibliografie; detaillierte bibliografische Daten sind im Internet unter http://dnb.ddb.de abrufbar.

1. Auflage, 2022

Shaker Media GmbH | Am Langen Graben 15a | 52353 Düren
www.shaker-media.de

Autorin, Umschlaggestaltung: Kathleen Bergmann
Korrektorat, typografische Gestaltung: Marion Lodes
Umschlagabbildung: adobe stock | Elena Schweitzer
Kartenabbildungen: Lenormandkarten aus Kartendecks von Kathleen Bergmann, Epic Light Lenormand, Epic Light Lenormand Zusatzkarten, Lichtblick Lenormand, Kingdom's Night Lenormand und Zenseiki Lenormand | Patrick Scheller, Mondnacht Lenormand | Anna Klaffinger, Anna.K Lenormand | Königsfurt-Urania Verlag, Blaue Eule

Zur besseren Lesbarkeit wird im nachstehenden Text auf die gleichzeitige Verwendung der Sprachformen männlich, weiblich und divers verzichtet. Sämtliche Personenbezeichnungen gelten gleichermaßen für alle Geschlechter.

Printed in Germany

ISBN 978-3-95631-910-5

Inhaltsverzeichnis

Von der Einsteigerin zur Expertin

Nunmehr 18 Jahre ist es her, als ich anfing, mich mit der Welt des Lenormand intensiv zu beschäftigen. Das heißt, der Wille war da, aber das geeignete Material zum Lernen fehlte. Damals gab es lediglich eine Handvoll Bücher, die mehr oder weniger brauchbare Erkenntnisse zum Kartenlegen boten. Das Internet war lange nicht so weit, dass es beim Suchbegriff *Lenormandkarten* seitenweise Ergebnisse ausspuckte. Lenormand war zu jener Zeit ein nahezu unbeschriebenes Blatt, wenn man von der geringen Anzahl an verfügbarer Literatur absah. Und davon war das Angebot an fundierten Anleitungen zum Deuten äußerst überschaubar. Alles, was ich fand, waren verstaubte Beschreibungen zu den einzelnen Symbolen, ein paar Näherungsversuche zur Deutung der Großen Tafel und Muster zu den immergleichen Legesystemen.

So musste ich hinnehmen, dass keine Quelle meinen Wissensdurst stillte. Wenig zufriedenstellend, wenn man die Lenormandkarten nicht nur oberflächlich streifen, sondern tief in das Innerste ihrer Symbolik eintauchen wollte. Ein bisschen Reinschnuppern oder auf platt getretenen Allgemeinplätzen ausruhen, reichte mir eben nicht. Obwohl es mir gelang, über die Schulter von ein paar etablierten Kartenlegern zu schauen, sollte ich bald feststellen, dass sie wenig Interesse daran hatten, ihre Deutungsgeheimnisse preiszugeben. Sollte sich tatsächlich keine Möglichkeit finden, das Lenormand umfassend zu erlernen?

Zu allem konnte man ein Studium absolvieren oder zumindest geeignete Fachliteratur finden. Selbst zu Astrologie und Tarot gab es Mitte der 2000er schon jede Menge qualitativ hochwertige Angebote. Ich nehme an, dass die Zeit für den großen Triumphzug der Lenormandkarten damals noch nicht reif war. Das sollte sich zum Glück bereits ein paar Jahre später ändern. Doch sah es zu jener Zeit so aus, als würde meine persönliche Reise in die tieferliegenden Welten des Lenormand von Anfang an scheitern. Der Zugang blieb eisern verschlossen. Ich begann an mir zu zweifeln.

Darum erstellte ich für mich einen persönlichen Fragebogen, mit dessen Hilfe ich für das »Rätsel Lenormand« eine Lösung finden wollte:

Fehlte mir womöglich eine entsprechende Begabung als Seherin?
Brauchte es das, um in die Geheimnisse der Kartenlegekunst eingeweiht zu werden?
Oder sollte ich mich auf den Weg machen, auf eigene Faust die Symbolwelt zu durchdringen, so ganz und gar ohne fremde Anleitung?
Würde ich in Eigenregie jemals sattelfest werden?
Wie ließe sich gefährliches Halbwissen vermeiden?
Wäre es möglich, dass ich zu viele Antworten von den Karten erwartete, die sie nicht zu geben vermochten?

Wo lägen dann die Grenzen der Aussagefähigkeit?
Was dürfte ich sie fragen und was nicht?

Es mochte sein, dass die Karten mich falsch verstanden. Immerhin sprachen sie nicht mit mir.
Hatten wir vielleicht ein grundsätzliches, wenn nicht sogar unlösbares Verständigungsproblem?
War Lenormand vielleicht nur eine reine Frage der Intuition, sodass kein verstandesbasiertes Konzept jemals einen Zugang ermöglichen würde?
War ich schlussendlich in meiner Herangehensweise zu strukturiert und kopfgesteuert?
Gab es beim Kartendeuten überhaupt so etwas wie eine Struktur?

War mein Scheitern womöglich sogar darin begründet, dass ich eine völlig falsche Vorstellung vom Wesen des Lenormand hatte? Die Antworten auf diese drängenden Fragen sollten sich mir auf mystische Weise offenbaren.

Meine Reise zum Universum

Zu jener Zeit lernte ich während einer abenteuerlichen Reise auf den Kanaren einen buddhistischen Lehrer kennen, dem ich davon erzählte, wie ich trotz meines Lerneifers gegen Wände lief. Unvermittelt fragte er mich: »Wem gehörst du?« Verwundert über diese Frage, antworte ich: »Nur mir selbst.« »Du bist doch Astrologin«, meinte er, »warum beschäftigst du dich mit dem Universum und weißt nicht, dass du zu ihm gehörst?«

Ein paar Momente blieb ich stumm, um in die mir scheinbar verschlossene Weisheit hineinzuspüren. »Ich bin ein Teil dieses Universums und wiederum bin ich ein ganzer Kosmos für sich!« Ob meiner plötzlichen Erkenntnis war ich erstaunt und ergriffen. Der Buddhist hingegen blieb seelenruhig und gab mir zu verstehen: »Da hast du doch all deine Antworten bereits. Öffne dich dem Kosmos in dir und es wird alles zu dir fließen, wonach du suchst. Du bist immer auf dem richtigen Weg, solange du deine Heimat dort oben kennst.« Er deutete mit Hand in die klare Sternennacht über der Insel.

Nach meiner Rückkehr begann ich, mein astrologisches Wissen zu nutzen, um die Symbolik der Planeten und Zeichen auf die Lenormandkarten anzuwenden. Dass sich daraus etliche Jahre später sogar ein Buch entwickeln würde, das die Symbolwelten der Astrologie, Numerologie, Mythologie und des Tarots mit dem Lenormand zusammenführt (*Die fabelhafte Welt des Lenormand*, Königsfurt-Urania Verlag), konnte ich damals nicht erahnen. Ich wusste nur, ich konnte mir selbst helfen, um mir ganzheitliche Kenntnisse über die Symbolik des Lenormand anzueignen.

Es war nicht nur die Sternenkunde, die mich dabei unterstützte. Vor allem war es das Wissen, das zu mir strömte, als ich nicht mehr auf der irdischen Ebene nach Antworten suchte, sondern wieder meine Verbindung zur allmächtigen Kraft des Universums herstellte.

Hätte ich damals aufgegeben, säße ich heute nicht hier und würde diese Zeilen schreiben. Für Sie. Um Ihnen die Chance zu bieten, mit Ihren Fragen und Anliegen rund um die Lenormandkarten nicht alleine dazustehen. Um Ihnen fachgerechte Antworten zu liefern auf alles oder – bleiben wir realistisch – fast alles, was Sie bezüglich der Theorie und Praxis beschäftigt. Selbst wenn es inzwischen zahlreiche Bücher und Onlineportale zum Thema Lenormand gibt, wurde noch lange nicht alles darüber gesagt. Geschweige denn sachlich, nachvollziehbar und praxisnah erklärt.

Aus meiner Sicht ist eine eklatant wichtige Lücke bisher immer noch nicht geschlossen worden: Abseits aller Lehrstoffe mit Erklärungen zum Kartendeuten gibt es keine **kompakte Zusammenstellung über all die Dos und Don'ts des Kartenlegens**. Wie hilfreich wäre es, einen solchen Leitfaden zu haben! Am besten einen, der klarstellt, was ich beim Legen und Deuten der Lenormandkarten richtig oder falsch mache. Eine Assistenz, die mir die Welt des Lenormand erklärt und mir darin die sicheren, zum Ziel führenden Pfade zeigt.

Wenn ich all diese Fragezeichen zusammenfasse, ergibt sich daraus eine Masterfrage:

> ***Was kann ich alles besser machen, um die Karten leichter zu lernen und erfolgreicher zu deuten?***

Wenn Sie jetzt in sich ein brennendes »Oh ja, das interessiert mich auch!« wahrnehmen, dann haben Sie – genau wie ich damals – auf ein Buch wie dieses gewartet: Eins, das auf entscheidende Fragen eingeht, die jedem Lenormandlernenden früher oder später begegnen. Ein Buch, das alle Grundlagen des Handlings beschreibt – angefangen beim richtigen Lerntempo bis hin zur Analyse von Fehldeutungen. Ein Buch, das abseits allen vorhandenen Wissens zum Thema

Lenormand ein deutliches Bonuswissen liefert – logischerweise für Anfänger wie Fortgeschrittene. Ein Leitfaden, der Wissenslücken schließt, Blockaden abbaut und Legenden rund ums Kartenlegen entlarvt. **Die Wahrheit über Theorie und Praxis des Kartenlegens wird endlich enthüllt.**

Ein Feinschliff für Ihr bisheriges Können – ein Flaggschiff für Ihre weitere Reise

Wer mich durch meine Bücher, meinen Blog oder YouTube-Kanal kennt, weiß, dass ich mich nicht scheue, mein Wissen und die dazugehörige Erfahrung im vollen Umfang weiterzugeben. Meiner einst verzweifelten Suche ist es geschuldet, dass ich kein Geheimnis aus der Deutungskunst mache. Ich möchte Lenormand für jeden zugänglich machen.

Gleichermaßen nahm ich alles auf, was von meinen Schülern und Lesern an mich herangetragen wurde. In sämtlichen Kursstunden und Coachings, die ich in all den Jahren gab, hörte ich genau hin, was die Bedürfnisse der Lenormandlernenden waren. Ich nahm sie nicht nur ernst, sondern mir zu Herzen. Denn ich erkannte in jedem, der zu mir kam, mich selbst als Suchende auf einem langen Weg des Irrens und Wirrens. Daher rührt mein unbändiges Bestreben, zumindest einen Meilenstein auf Ihrem Weg zu setzen. Wenn es mir gelingt, wenigstens ein Zeichen zu hinterlassen, das Ihnen einen dringend benötigten Hinweis liefert oder einen Schubs in die richtige Richtung gibt, ist diese Mission für mich erfüllt.

Dieses Buch bietet Ihnen die entscheidenden **Grundlagen für einen professionellen Umgang mit den Karten**. Es ermöglicht Ihnen, Ihr vorhandenes Wissen und Ihre bisherigen Herangehensweisen zu überprüfen und – falls erforderlich – zu korrigieren. Nur so können wir uns fortwährend verbessern, ganz gleich wie fortgeschritten wir sind. Sie haben einen Mentor an Ihrer Seite, der Sie auf Ihrer Reise durch die Welt des Lenormand sicher begleitet und den richtigen Weg weist. Am Ende Ihrer Reise – wobei es kein wirkliches Ende gibt – müssen Sie kein Experte sein. Es geht einzig und allein darum, Ihre Kenntnisse dahin zu bringen, wo Sie mit einem guten Gefühl und Gewissen für sich oder für andere die Karten legen können.

Was dieses Buch ausdrücklich **nicht** vermittelt, ist eine Anleitung zum Kartendeuten. Dazu habe ich bereits mehrere Lehrbücher veröffentlicht, die alles – von der Beschreibung der einzelnen Lenormandsymbole bis zur Großen Tafel – ausführlich behandeln.

Das Handling dieses Buch ist supereinfach: Sie brauchen die Kapitel nicht chronologisch lesen, sondern können kreuz und quer springen. Auch wenn Sie sich mit dem Lenormand noch nicht intensiv befasst haben sollten, sind die Inhalte für Sie nachvollziehbar und bilden eine sehr gute Grundlage für eine solide Ausbildung. Auch als Fortgeschrittener oder Profi werden Sie auf ganzer Linie von diesem Buch profitieren und jedem Kapitel neues Wissen entnehmen.

Ihre Kathleen Bergmann

– KAPITEL 1 –

Begabung

Viele, die das Lenormand erlernen möchten, bezweifeln, ob sie dafür ausreichend Talent besitzen. Der Zweifel rührt daher, dass sich einige vermeintlich große Kartenleger immer wieder damit rühmen, aus einer ganzen medial veranlagten Dynastie zu stammen und allem Anschein nach mit der Begabung als Seher geboren wurden. Was davon Dichtung und Wahrheit ist, sei dahingestellt.

Der ein oder andere mag einen Vorfahren haben, der die Kunst des Kartenlegens bzw. der Prophetie beherrschte und an seine Kinder oder Enkel weitergab. Aber das Erbe allein verspricht keinen Erfolg. Zwar ist eine Begabung bei der Arbeit mit den Lenormandkarten durchaus von Nutzen, da man damit etwas schneller und leichter den Zugang zu den Karten findet oder beim Kartendeuten weitere Kanäle anzapfen kann. Eine seherische Gabe ermöglicht daher eine günstige Ausgangsbasis. Einen entscheidenden Vorteil genießt jemand, der das Orakeln in den Genen hat, dadurch aber nicht. Denn der Seher muss sich Erfolg und Anerkennung wie jeder andere erst erarbeiten.

Dabei sind angeborene Fähigkeiten oder tradiertes Wissen über die Karten Segen und Fluch zugleich. Für den »Erben« vermag ein innerer Zugzwang entstehen, dass er mindestens genauso berühmt oder erfolgreich werden sollte wie seine Vorfahren.

Eine seherische Gabe erspart nicht das Lernen

Ich lernte einmal eine Frau kennen, deren Ahnen sich im ehemaligen Böhmen einen Namen machten, weil sie mittels der Karten und darüber hinaus unfassbare Dinge voraussahen und damit sogar einigen Menschen durch rechtzeitige Flucht im Zweiten Weltkrieg das Leben retteten. Die Nachfahrin litt unter der Vorstellung, sie müsse ebensolche Wunderwerke vollbringen, um als Seherin geachtet zu werden. Es gelang ihr nicht, sich unbefangen auf die Karten und deren Botschaften einlassen, weil sie sich immerzu durch die eigene Erwartungshaltung unter Druck setzte.

Ähnlich ist es oft bei Kindern prominenter Sänger oder Schauspieler, die entweder von außen an den Leistungen ihrer Eltern gemessen werden oder für sich selbst **die Messlatte zu hoch legen.** Manche verzweifeln und zerbrechen daran.

Von daher wird es sich für Sie als Vorteil erweisen, in keine Fußstapfen treten zu müssen, sondern unvorbelastet und unwissend an die Orakelkarten heranzugehen. Ein freier, wissbegieriger Geist ist die beste Voraussetzung, um etwas Neues zu erlernen. Sollten Sie merken, dass die Karten doch nichts für Sie sind, haben Sie die Möglichkeit, sie zwanglos wegzustecken und sich geeignetere Aufgaben zu suchen.

Zwar begünstigt eine seherische Gabe das Lernen der Lenormandkarten, sie erspart aber nicht den Lernprozess an sich! Ohne Kenntnisse der symbolischen Prinzipien frank und frei loszudeuten, ist zwar denkbar, aber keine ernstzunehmende Herangehensweise. Meines Erachtens gibt es niemanden, der ohne jegliche Übung und Erfahrung alle Kombinationen mühelos zu deuten versteht. Wer beabsichtigt, mit den Lenormandkarten seriös zu arbeiten, kommt nicht daran vorbei, sich über lange Zeit intensiv mit deren komplexem Symbolgehalt zu beschäftigen.

Ein Mensch mag noch so begabt sein, von der Fleißarbeit bleibt er nicht verschont. Ich habe immer wieder beobachtet, dass vor allem Menschen, die ihr Talent zum Kartenlegen anzweifelten, einen ausgesprochenen Ehrgeiz beim Lernen und Üben entwickelten und dadurch oft bessere Deutungsfähigkeiten hervorbrachten als diejenigen, die aufgrund ihrer Veranlagung glaubten, schon überlegen zu sein.

Da die Arbeit mit den Lenormandkarten zu einem Großteil aus reiner Kopfarbeit besteht (siehe dazu das Kapitel 4 ›Echte Kopfarbeit‹), kann es jeder lernen, der sich dazu berufen fühlt. Am Lenormand ist nichts dran, was man sich nicht mit ausreichend Training aneignen könnte! Heutzutage gibt es dafür clevere Herangehensweisen und effiziente Deutungsmethoden. All das ermöglicht einen vereinfachten Zugang. Seitdem ich auf meiner Reise durch die Lenormandwelten bin, habe ich eine entscheidende Erkenntnis gewonnen: Um das Lenormand wahrhaftig zu verstehen, müssen wir außerhalb unserer festgefahrenen Bahnen denken, auf die wir bisher beim Deuten von Orakelkarten beschränkt waren.

Transferwissen zunutze machen

Ich zeige Ihnen ein Beispiel, wie sich dieses sogenannte *Thinking outside the box* auf das Lenormand anwenden lässt. Wer nämlich eine Symbolsprache wie die Astrologie oder das Tarot beherrscht, kann sich diese als Transferwissen geschickt zunutze machen. Sollten Sie auf diesen Gebieten über Wissen verfügen, verhilft Ihnen das beim tieferen Verständnis der Lenormandsymbolik zu wahren Quantensprüngen. Welche überaus hilfreichen Analogien es zwischen dem Lenormand und dem Tarot oder der Astrologie und der Numerologie gibt, habe ich in meinem Buch *Die fabelhafte Welt des Lenormand* im vollen Umfang aufgedeckt. Doch wie kam es überhaupt dazu?

Wenn ich auf meine Anfänge zurückblicke, behaupte ich, dass ich große Mühe hatte, das Lenormand zu verstehen.

Denn zu jener Zeit (Anfang der 2000er) gab es kaum Lehrbücher auf dem Markt. Somit waren die Quellen des Wissens rar gesät. Erst als ich auf die Idee kam, Analogien zwischen der astrologischen und kartenbasierten Symbolkunde zu entdecken, öffnete sich die Tür. Wie im Kapitel 11 ›Klare Linie‹ beschrieben, sind Symbolsprachen untereinander verwandt.

Als ich feststellte, dass beispielsweise der *Sarg* in Gänze den Eigenschaften des Planeten Pluto entspricht, ging mir ein Licht auf. Der *Sarg* ist im Lenormand der Zahl Acht zugeordnet. In der Astrologie ist Pluto Herrscher über das achte Haus. Aufgrund dieser analogen Prinzipien folgten weitere erhellende Einsichten.

Beispielsweise entsprechen die *Blumen* als neunte Lenormandkarte dem Planeten Jupiter, der das neunte Haus im Horoskop beherrscht. Auch bei den höheren »Oktaven« wie dem *Hund* mit der Ziffer 18 und der Quersumme Neun stimmt die Zuordnung mit dem Jupiterprinzip überein. In Jupiter steckt ebenso wie in der Zahl Neun ein sozialer Charakter, der sich durch Loyalität und humane Gesinnung ausdrückt.

Königsfurt-Urania Verlag ·
Blaue Eule

Dank dieser erstaunlichen Entdeckungen, die sich immer weiter über die Welt des Lenormand ausdehnten, war der Knoten endlich geplatzt. Mein Hang zur eisernen Disziplin und kindlichen Neugier (Jungfrau-Geborene!) tat beim Lernen sein Übriges. So gelang es mir Stück für Stück, den Symbolkosmos des Lenormand zu durchdringen. Das war harte Arbeit. Es dauerte Jahre, ehe ich mich mit der weisen Macht der Karten auf Augenhöhe fühlte. Heute bin ich dankbar für diese Lehrjahre, da sie mir gezeigt haben, dass man alles meistern kann, wenn man mit Eifer und Engagement am Ball bleibt.

An meinem Beispiel möchte ich Ihnen zeigen, dass Kartenlegen nichts Exklusives ist, das nur Menschen mit ausgeprägten medialen Fähigkeiten erlernen können. Begeisterung ist das, was zählt und nicht Begabung.

– KAPITEL 2 –

Tempolimit

Wenn Sie beschlossen haben, Lenormand »von der Pike auf« zu lernen, stehen Ihnen dafür verschiedene Mittel und Wege offen. Sie haben die Möglichkeit, sich Fachliteratur zuzulegen, Videos anzusehen oder einen Coach zu engagieren. Lehrangebote gibt es im Überfluss. Die meisten Kurse haben ihre Wertigkeit und Daseinsberechtigung, denn jeder Lenormandlehrer wird seinem Wissen nach sein Bestes geben. Ein Kartenkurs kann in mehreren Stunden oder Tagen absolviert werden, je nachdem, ob man in der Gruppe lernt oder Einzelunterricht nimmt. Aber reicht das aus? Verstehen Sie anschließend genug vom Lenormand, um es professionell bzw. in Eigenregie einzusetzen?

Der Mythos vom schnellen Erfolg

Ein Kurs, der Ihnen das notwendige Werkzeug an die Hand gibt, ist theoretisch ausreichend. Aber eben im wahrsten Sinne des Wortes nur theoretisch, denn danach geht es erst richtig los! Lenormand kann man sich nur professionell aneignen, wenn man übt, übt und nochmal übt. Das erfordert Zeit. Viel Zeit. Und Geduld. Viel Geduld. Die ernüchternde Tatsache lautet: Nur wenn Sie bereit sind, beides – Zeit und Geduld – zu investieren, werden Sie das Lenormand umfassend verstehen und verinnerlichen und erfolgreich anwenden.

Es ist ein Mythos, dass man Lenormand innerhalb kurzer Zeit im vollen Umfang erlernt. Von *Wissen* und *Können* zu sprechen, ist frühestens nach ein bis zwei Jahren intensiver, ja sogar täglicher Beschäftigung mit den Karten möglich.

Lenormand ist wie eine neue Sprache lernen

Ich vergleiche das Lenormand gerne mit dem Studium einer Fremdsprache. Erst sind die elementaren Vokabeln an der Reihe. Sie entsprechen den Bedeutungen der Karten. Ohne Wörter keine Sprache. Dann paukt man Grammatik, um Sätze zu bilden. Das ist vergleichbar mit den unverzichtbaren Deutungsregeln, um sich in Kombinationen und Legungen zurechtzufinden. Wer in einer Fremdsprache die Grundlagen an Vokabeln und Grammatik beherrscht, ist in der Lage, eingängige Texte zu lesen oder simple Sätze zu bilden. Dennoch ist man mangels Übung und Erfahrung weit davon entfernt, die Sprache fließend zu sprechen oder einen anspruchsvollen Text problemlos zu übersetzen.

Nach einem Lenormandkurs steht man an einem ähnlichen Punkt. In jedem Fall sollte man die Grundstruktur des Kartenlegens und der Symboldeutung verstanden haben und in der Lage sein, damit eigenständig zu arbeiten. Dennoch ist der notwendige Erfahrungshorizont, den ein Kurs allein niemals vermittelt, zu gering.

Kombinationen und Legungen lassen sich deswegen nicht ausreichend entschlüsseln. Selbst wenn man einiges zu deuten weiß, kann es aufgrund der fehlenden Erfahrung und Übung an der ein oder anderen Stelle deutlich hapern. Mit wachsender Erfahrung werden diese Lücken immer weiter geschlossen. Im Vergleich: Wenn Sie mit analogem Einsteigerlevel in der Fremdsprache einen Zeitungsartikel lesen, werden Sie zwar die Grundzüge verstehen, aber bei Weitem nicht mit allen sprachlichen Raffinessen zurechtkommen. Manche Textpassagen bleiben womöglich unzugänglich. Je mehr Sie in die Sprache hineinwachsen, desto leichter können Sie auch komplexe Texte erfassen.

Verständnisschwierigkeiten lösen sich von selbst auf, je mehr Sie üben. Dazu entwickelt sich sowohl im Lenormand als auch in der Fremdsprache nach und nach eine Übersetzungsroutine. Bis man so weit ist, nahezu alle Kombinationen und Legungen zu entschlüsseln, ist reichlich Üben angesagt. Nicht selten bedarf es dazu mehrerer hundert Kartenbilder zu den unterschiedlichsten Themen und Situationen. In der Praxis verhält es sich mit der Fremdsprache ähnlich. Wenn Sie ein paar hundert Texte gelesen, interpretiert und übersetzt haben, sind Sie in der Lage, nahezu alles zu verstehen und wiedergeben zu können. Dann haben Sie ein Gefühl für die Sprache entwickelt, das anfangs gänzlich fehlte.

Die Sprache der Karten verinnerlichen

Für die Symbolik der Lenormandkarten baut man ebenso erst im Laufe der Zeit ein tiefgreifendes Verständnis auf. Das ist das berühmte Gespür, das man braucht, um mit den Karten in eine Beziehung zu treten und sie als verlässlichen »Partner« in allen Lebenslagen an seiner Seite zu wissen. In dem Moment, wo dieser Austausch passiert, platzt der Knoten. Zusammenhänge werden plötzlich sichtbar, wo man vorher nur »böhmische Dörfer« sah. Mit einem Mal können Sie aus den Karten Antworten herauslesen wie aus der Mimik eines Menschen, der Ihnen vertraut ist. Symbole sind keine Fremdkörper mehr, sondern fühlen sich wie die eigene Herzenssprache an.

Step-by-step

Bis es so weit ist, vergeht viel Zeit, mitunter sogar Jahre. Lenormand bedeutet Lernen fürs Leben und übers Leben lernen! Nehmen Sie sich regelmäßig Zeit zum Üben. Von Woche zu Woche werden Ihnen die Karten ein Stück vertrauter. Planen Sie von vornherein Zeit-fenster ein und bringen Sie Geduld mit, wenn Sie merken, dass es einmal nicht so klappt. Nichts ist unproduktiver, als sich beim Lernen zu überfordern und zu schnell zu viel zu wollen.

Am wichtigsten ist es, beim Lernen in kleinen Schritten vorzugehen. Nehmen Sie sich beispielsweise vor, sich zwei Wochen lang nur mit den Bedeutungen der ersten sieben Karten zu beschäftigen. Wenn Sie feststellen, dass Sie alle Bedeutungen sicher beherrschen, kommen die nächsten sieben Karten dran. Wenn Sie alle

Kartenbedeutungen verinnerlicht haben, üben Sie zunächst nur, Kombinationen zu deuten. Mindestens drei Monate lang, wenn möglich jeden Tag! Kombinieren ist die Kernarbeit im Lenormand. Daher bedarf sie am meisten Übungszeit, sogar dauerhaft. Auch wenn Sie am Anfang am liebsten wie auf einer Rakete durch den Symbolkosmos düsen möchten, wird Sie die übertriebene Geschwindigkeit früher oder später lähmen, weil Ihnen das Verweilen an der »Basisstation« fehlt, das Sie auf Ihre Reise ausreichend vorbereitet.

Weg vom Leistungsdenken

Ein weiterer über Ihren Erfolg entscheidender Vorteil kommt hinzu: Durch die Einteilung des Lernmaterials in kleinere Einheiten nehmen Sie sich den Druck. Mit einer strukturierten Vorgehensweise sind Sie in der Lage, die Menge an Lernstoff leichter zu bewältigen. Wenn Sie länger für eine Einheit brauchen, ist das in Ordnung. Wenn Sie zwischendurch einmal pausieren, macht das nichts. Die Abstände sollten bloß nicht zu lang werden, sonst vergessen Sie vieles wieder.

Mein persönlicher Rat: Sie können immer nur so schnell lernen, wie es Ihre eigene Entwicklung zulässt. Finden Sie Ihren optimalen Rhythmus und Ihr persönliches Tempo!

Jeder, der Lenormand lernt, sollte sich damit wohlfühlen und keinen Wettkampf daraus machen. Leistungsdenken hat beim Kartenlegen nichts verloren. Wenn es dauert, dann dauert es eben. Dafür beherrschen Sie es später umso besser, weil Ihr Wissen und Können organisch gewachsen ist und Sie nichts erzwungen oder entgegen Ihrer eigenen Lerndynamik beschleunigt haben.

Wer im Eiltempo lernt, ist am Ende nicht unbedingt schlauer. Oft ist sogar das Gegenteil der Fall. Denn innerhalb eines kurzen Zeitraumes lässt sich kein Gefühl für die Karten entwickeln. Das ist wie mit Menschen. Es benötigt Zeit, um sie verstehen zu lernen. Menschenkenntnis kommt auch nicht von heute auf morgen.

Lenormand ist eine Lebensschule. Wer das erkannt hat, weiß, dass man diese nicht innerhalb von wenigen Tagen oder Wochen erfolgreich abschließt.

– KAPITEL 3 –

Viele Köche verderben den Brei

Ich erinnere mich an meine Anfänge mit den Lenormandkarten. Damals gab es bei Weitem nicht so umfangreiche Lektüre und Online-Informationen wie heute. Alles, was ich in die Hände bekam, studierte ich rauf und runter. Nichts verschaffte mir den gewünschten Durchblick. Je mehr ich übers Kartenlegen las und hörte, desto verunsicherter wurde ich. Welche Informationen waren vertrauenswürdig, welche Techniken praxistauglich? Was benötige ich alles für den Einstieg? Wie würde es mir gelingen, einen roten Faden zu finden? Von wem lernte ich am besten? Wenn Sie Anfänger sind, kommen Ihnen diese Fragen gewiss bekannt vor.

Meine eigene Lenormandgeschichte

Mit der Zeit merkte ich, dass mir das verfügbare Knowhow nicht reichte, um die Lenormandkarten durch und durch zu verstehen. Erklärungen und Anleitungen waren aus meiner Sicht unvollständig und vor allem nicht ausreichend praktikabel. So kam es, dass ich mein eigenes Deutungssystem entwickelte mit dem Ziel, es so leicht nachvollziehbar und anwendbar wie möglich zu gestalten.

Damals arbeitete ich schon hauptberuflich in der Lebensberatung, in der mir die Kartenlesekunst nützlich sein würde. Im Laufe der Jahre baute ich mein Deutungskonzept weiter aus, nicht ohne jede neue Methode gründlichen Praxistests zu unterziehen. Dabei ist die eine oder andere Methode wieder über Bord gegangen, wenn sie sich doch als ungeeignet erwies. Lenormand sollte kein statisches Konzept sein, das unwiderruflich in Stein gemeißelt wurde. Es musste trotz fester Grundlagen wandelbar und offen bleiben, vor allem neue Denkanstöße bieten.

Noch immer befinde ich mich mit den Lenormandkarten in einem permanenten Lernprozess, der wohl nie abgeschlossen sein wird. Und das ist gut so!

Eines Tages kam der Punkt, an dem ich meine gewonnenen Erkenntnisse und Erfahrungen nicht mehr für mich behalten, sondern interessierten Menschen zur Verfügung stellen wollte. Was würde mir mein angeeignetes Wissen nützen, wenn ich es nicht mit anderen teilte? Vor allem war es mir ein Anliegen, Lernende vor den gleichen Fehlern und Fallen zu bewahren, in die ich gestolpert war.

Aus diesem Grund fing ich 2008 an, mein erstes Lenormandfachbuch zu schreiben. Ich hatte Glück, denn die Resonanz war groß und die Kritik zum allergrößten Teil positiv. Davon motiviert, verfasste ich schon bald das nächste Lehrbuch, auf das danach ein weiteres folgte. Eine Zeit voller Magie und lichtvoller Führung verbrachte ich beim Schreiben meines Buches *Die fabelhafte Welt des Lenormand*, das mir einen universellen Zugang zur Symbolik verschaffte, den ich selbst niemals für möglich gehalten hätte.

Mein Verständnis vom Lenormand schien vervollständigt. Es gab keinen Aspekt der Karten, den ich nicht bis in den letzten Winkel erforscht hatte, nicht nur von wissenschaftlicher Seite, sondern auch im feinstofflichen Sinne. Alles, was ich in diesem Werk an Wissen zusammentrug, war intensiv durchfühlt, durchdacht, durchdrungen – das Puzzle komplett zusammengelegt. Es gab keine Grenzen mehr zwischen mir und den Karten. Die Einheit, in die wir geistig verschmolzen, fühlte sich für mich wie eine Supernova an, an die ich mich mit Ehrfurcht und Ergriffenheit zurückerinnere, weil sie für mich ein einmaliges, heilig anmutendes Erlebnis war.

Meine Lehrpraxis

Wie fasse ich meine Lehrpraxis auf? Obwohl mein Lehrkonzept beliebt ist, erhebe ich keineswegs den Anspruch, das beste entwickelt zu haben. Denn ich habe das Deuten der Lenormandkarten nicht neu erfunden, sondern nur weitergedacht und weiterentwickelt. Dabei gerate ich selbst immer wieder an neue inhaltliche Konflikte und Grenzen. Nach bestem Wissen und Gewissen gebe ich nur Knowhow weiter, das auf soliden theoretischen Grundlagen fußt und sich in der Deutungspraxis über viele Jahre erfolgreich bewährt hat. Zudem hüte ich mein Wissen und meine Erfahrung über die Lenormandkarten nicht wie den Heiligen Gral, sondern pflege grundsätzlich alle an allem teilhaben zu lassen. Ich bin der Auffassung, dass es nur so gelingen kann, das Lenormand von verstaubten Mythen zu befreien und zu einem zeitgemäßen und ernstzunehmenden Lebensratgeber im Bereich der Spiritualität wachsen zu lassen.

Das Chaos vorprogrammieren

Als Anfänger ist man so wissbegierig, dass man aus vielen verschiedenen Quellen auf einmal Informationen sammelt. Ich wage aus eigenen Erfahrungen in meiner Einsteigerzeit vorherzusagen, dass es kaum gelingen wird, sich aus einem Sammelsurium an unterschiedlichsten Methoden und Meinungen eine probate Anleitung zusammenzuschustern. Ich verrate Ihnen, warum das nicht funktioniert: Viele Köche verderben den Brei.

Wie Sie im Kapitel 7 ›Kein Kodex‹ erfahren, existiert keine allgemeingültige Lehre im Lenormand. Jeder Lehrer unterrichtet seiner Überzeugung und Erfahrung entsprechend. Unter den Autoren und Dozenten hat jeder seine eigene Lehrmeinung. Eine Regel ist aber allgemeingültig: Je mehr wir uns die Lehren aus verschiedenen Töpfen herauspicken, desto mehr Chaos landet auf unserem Teller. Die bunt gemixten Zutaten ergeben kein schlüssiges oder praxistaugliches Rezept, sondern es entsteht nichts weiter als »Deutungsbrei«. Denn das Lehrkonzept des einen Experten ist meist nur bedingt kompatibel mit dem eines anderen. Sich kreuz und quer am Angebot zu bedienen, ergibt am Ende nur ein wirres Durcheinander, aber gewiss keine tragfähige Einheit.

Ein wackeliges Konzept führt zu einer hohen Anfälligkeit für Deutungsfehler, vor allem aber zu Lernfrust. Erfolg und Spaß bleiben dabei garantiert auf der Strecke.

Zu viel, zu schlecht – das war's

Hinzu kommt, dass nicht alle angebotenen Inhalte seriös und professionell sind. Informationen von Laien, die sich zum Beispiel auf einer Plattform austauschen, bieten zwar durchaus einen Anreiz zum Ausprobieren oder Weiterdenken, sind meist aber nicht ausreichend fundiert. In Foren ist vieles im Umlauf, was nur auf Hörensagen beruht. Aber selbst dort, wo sich Fachleute äußern, werden Anleitungen häufig zu allgemein und oberflächlich gehalten, sodass man als Anfänger höchstens eine Ahnung davon bekommt, welches Wissen dem Lenormand zugrunde liegt und wie es richtig angewandt wird.

Zwar gibt es zahlreiche Deutungskonzepte und -ideen, die in der Theorie viel versprechen, aber in der Praxis wenig halten. Das ist erstmal ernüchternd. Dennoch ist bei Weitem nicht alles unzureichend, was man über das Lenormand findet. Einige Quellen sind eine echte Bereicherung und stellen eine solide Basis zum Lernen dar. Doch wie bei der Esoterik im Allgemeinen sollten Sie nicht alle verfügbaren Informationen ungefiltert aufgreifen. Zu viele verschiedene Deutungsvorschläge und -varianten verunsichern, weil sie in aller Regel kein schlüssiges Gesamtkonzept ergeben.

Sattelfest werden

Für Anfänger ist der bunte Dschungel an Lehrangeboten nicht leicht zu überblicken. Wessen Lenormandschule ist am weitesten entwickelt, am verständlichsten aufgebaut und am leichtesten erlernbar? Diese Frage kann man nicht pauschal beantworten. Sie müssen selbst herausfinden, was sich für Sie am stimmigsten anfühlt und auf Dauer bewährt. Achten Sie unbedingt darauf, was Ihr gesunder Menschenverstand dazu sagt und lassen Sie sich nicht von Versprechungen über schnelle Deutungserfolge fehlleiten (siehe Kapitel 2 ›Tempolimit‹). Das Gute ist, dass Sie als »Greenhorn« ausprobieren können, was Ihnen am meisten liegt. Doch es kommt der Punkt, wo Sie für sich festlegen sollten, welchem Konzept Sie folgen und treu bleiben. Wer zu lange schwankt oder sich überall bedient, entwickelt niemals Deutungssicherheit.

Haben Sie sich bereits in eine Lehre vertieft, ist der Wechsel in eine andere machbar, aber schwierig. Wenig von dem, was Sie gelernt haben, wird mit dem neuen Lehrkonzept kompatibel sein. Die Unterschiede werden eher so gravierend sein, dass Sie glauben, in einer neuen Welt gelandet zu sein. Sich neu auf eine Lehre einzulassen, erfordert hohe Bereitschaft und Ehrgeiz. Oft bedeutet es, nochmal von vorne anzufangen. Aber der Umstieg kann durchaus lohnenswert sein. Wenn sich herausstellt, dass Sie damit größere Fortschritte erzielen, war es die Mühe wert.

Wem es vorrangig darum geht, in einer anderen Lenormandlehre Inspiration zu finden, muss sein altes System nicht über Bord werfen. Mitunter kann es für Fortgeschrittene eine Bereicherung sein, einen Ausflug in ein anderes Lehrkonzept zu wagen, um Vergleiche zu ziehen, sinnvolle Synergieeffekte zu bilden oder fehlende Aspekte zu komplettieren.

Entscheidend für den Erfolg beim Kartenlegen ist aber, auf einem einzelnen, professionell durchdachten und erklärten Konzept aufzubauen, das klar strukturiert und vor allem praxiserprobt ist. Eine brauchbare Lehre erkennen Sie meist daran, dass eine nachvollziehbare Expertise dahintersteht, das heißt entweder eine langjährige berufliche Beratungserfahrung mit den Lenormandkarten oder eine nachweisliche Erfahrung als Autor, Seminarleiter, Blogger etc.

Ein weiteres entscheidendes Kriterium sollte die Bereitschaft sein, das Knowhow vollumfänglich preiszugeben. Wer damit geizt, tiefergehende Zusammenhänge aufzuzeigen und detaillierte Informationen weiterzugeben, ist aus meiner Sicht nicht daran interessiert, seine Kenntnisse wirklich mit anderen zu teilen. Mitunter werden weiterführende Inhalte auch nur in speziellen Kursen teuer verpackt und verkauft. Hier muss jeder für sich entscheiden, wie viel es ihm wert ist, daran zu kommen. Eine Lenormandausbildung, ob autodidaktisch oder angeleitet, muss keine Stange Geld kosten, um gut zu sein! Mithilfe der Checkliste in Kapitel 9 ›Gefährliches Halbwissen‹ können Sie Lehrangebote prüfen.

– KAPITEL 4 –

Echte Kopfarbeit

Wer Lenormand lernt, kommt früher oder später unweigerlich mit Kartenkombinationen in Kontakt. Doch was passiert bei diesem Vorgang des Deutens eigentlich? Beruht alles nur auf Intuition oder darf mein Kopf ein Wörtchen mitreden? Welcher Weg führt zu aussagekräftigen Ergebnissen?

Kombinieren ist das A und O

Kombinieren ist das Kernstück nahezu jeder Kartendeutung. Kaum eine Lenormandlegung kommt ohne aus. Obgleich jede Lenormandkarte eine Einzelaussage hervorbringt, entsteht erst durch die Verbindung aus mindestens zwei Karten eine glasklare Botschaft. Genau an diesem Punkt wird das Kartenlegen zur Deutungskunst.

Wer als Anfänger das ganze Repertoire an Einzelbedeutungen gelernt hat, beschäftigt sich in der Folgestufe mit dem Kombinieren. Und wer dabei einmal versucht hat, nur über Intuition die Kombinationen zu entschlüsseln, wird vermutlich die gleiche Erfahrung gemacht haben wie die meisten: Ein intuitives Gespür ist beim Kartendeuten zwar hilfreich, aber noch lange nicht alles!

Der Mythos vom rein intuitiven Deuten

Halt! Gibt es da nicht diesen Mythos des rein intuitiven Kartenlegens, bei dem Menschen ohne irgendein Vorwissen frei von der Leber weg Ihre ganze Lebensgeschichte aus den Karten lesen können? Doch seien wir ehrlich zu uns selbst – nicht von jeder von uns verfügt über diese göttliche Gabe, siehe Kapitel 1 ›Begabung‹. Wären wir alle Ausnahmetalente, würde ich nicht dieses Buch schreiben und Sie es nicht lesen. Verabschieden Sie sich jetzt von dem Glauben, dass allein ein sechster Sinn dafür verantwortlich sei, die Kunst des Kartenlesens zu verstehen.

Die Konsequenz daraus ist, wir können uns beim Kartenlesen nicht allein unserer intuitiven Kräfte bedienen. Intuition zu nutzen ist ein Vorteil, aber keine Voraussetzung! **Ich würde sogar provokativ** behaupten: Wer beim Kartendeuten den Kopf ausschaltet, ist schnell verloren. Kombinationen richtig zu deuten basiert somit vor allem auf einer intelligenten und intensiven Leistung unseres Gehirns! Kombinationsdeutung heißt, viele Faktoren gleichzeitig zu analysieren und zu jonglieren. Und das ist echte Kopfarbeit. Wo aber bleibt dabei der sechste Sinn? Mit Sinn zu deuten heißt, bei Sinnen zu sein, sprich, bewusst, klar und wach zu sein! Und wer wach ist, bedient sich seines Verstandes. Er kann das Gefühl nicht ersetzen, aber vortrefflich ergänzen!

Erfahren Sie, wozu es gut ist, bei der Kombinationsarbeit den Kopf einzuschalten:

Um beim Thema zu bleiben

Meine Praxiserfahrung hat gezeigt, dass die meisten und größten Deutungsprobleme darauf zurückzuführen sind, dass von der Fragestellung abgewichen wird. Wenn Sie den roten Faden nicht aus den Augen verlieren möchten, müssen Sie permanent Ihre Aussagen mit der Fragestellung und Situation abgleichen, um nicht vom Thema abzuschweifen. Worum es in der Befragung geht, sollte immer präsent sein, um darauf Bezug zu nehmen. Das ist mein Anker, an dem ich meine Aussagen festmache und aufziehe. Den Fokus zu bewahren hat oberste Priorität bei der Deutung von Kombinationen bzw. Legungen. Karten beantworten nur das, was ich gefragt habe. Nicht mehr und nicht weniger.

Wenn Sie sich in den Karten eine Liebesbeziehung ansehen, wonach explizit gefragt wurde, werden Sie sonst keine anderen Informationen in dem Kartenbild finden. Die Kündigung im bisherigen Job oder die Suche nach einem passenden Gebrauchtwagen haben in diesem Kartenbild nichts verloren. Jeder Bereich ist eine Legung für sich, deren Kombinationen wiederum genau auf die entsprechende Frage abgestimmt sind. Der Kopf erinnert Sie, stets beim befragten Thema zu bleiben.

Um Erfahrungswerte abzurufen

Alle gespeicherten Erfahrungen bilden in unserem Gehirn ein Riesennetzwerk, darunter auch die Erfahrungswerte, die wir aus der Kombinationsarbeit gesammelt haben. Haben Sie zum Beispiel *Fische* und *Wege* als *Bauchentscheidung* in Ihrem Archiv abgelegt, werden Sie von dem Wissen profitieren, sobald die Kombination wiederauftaucht. Später ergänzen Sie diese gespeicherte Bedeutung vielleicht noch um eine weitere Option. Wie wäre es mit *eine finanzielle Perspektive*?

Kathleen Bergmann · *Zenseiki Lenormand* · 2022

Um auf diese wertvollen Erfahrungswerte zurückzugreifen, bedarf es einer hohen Gehirnleistung. Es geht um Merken, Speichern und Abrufen. Dafür legen Sie fortlaufend neue Schubladen und Suchraster an, selbst wenn Sie sich dessen gar nicht bewusst sind. Ihr Kopf läuft allerdings auf Hochtouren, während Sie deuten. Kombinieren bedeutet Gehirnjogging! Sie werden dabei immer schneller und wendiger.

Um nicht zu überinterpretieren

Wir haben beim Deuten die Neigung, zu viel in die gelegten Karten hineinzuinterpretieren. Dass der Kopf dabei ständig gegenlenken muss, um sich wieder auf die Fragestellung zu besinnen, ist – wie eben erwähnt – eine Sache. Dazu sollten wir aber eine weitere Kontrollfunktion einschalten, die uns daran hindert, der Kombination einen halben Roman abzuringen. Das Motto »Viel hilft viel« ist beim Kartendeuten nicht brauchbar. Überinterpretationen stiften Verwirrung – bei sich selbst und beim Gegenüber. Ein paar wenige gezielte, deutliche Aussagen, die sich auf das Wesentliche konzentrieren, sind nützlicher als ein Wust an Informationen und Details. Meist geht dabei der Kontext verloren. Die Prioritäten der Botschaften sind bei Überinterpretationen kaum erkennbar. Keiner kann sich ein Wirrwarr an Aussagen merken, geschweige denn daraus eine Kernbotschaft ableiten. Der Kopf tut also gut daran, Aussagen auf das Wichtige zu beschränken. Übrigens entstehen Überinterpretationen häufig aus dem Grund, dass die Karten leicht dazu verführen, das Kopfkino anzuzetteln. Wieso das so ist, lesen Sie in Kapitel 10 ›Hang zum Übertreiben‹.

Um Klartext zu reden

Der Verstand wird für eine klare Kommunikation benötigt. Ihre Deutungsresultate sollten Sie daher in verständliche Aussagen überführen. Ein Gemurmel von »Füchsen und Hunden, die im Kartenblatt den Mond anheulen und dem Reiter hinterherlaufen« wäre für Ratsuchende kaum nachvollziehbar. Das würden die meisten ebenso wenig verstehen, als wenn ein Nichtmediziner ein OP-Protokoll durchliest. Die Bilder der Kombinationen müssen Sie demzufolge in Worte übersetzen, die jeder versteht.

Zugleich nützt es keinem, wenn Sie um den heißen Brei herumreden. Bringen Sie Ihre Aussagen auf den Punkt, siehe auch Kapitel 16 ›Fehlinterpretation‹. Eine Aufgabe, die Sprachgewandtheit und Einfühlungsvermögen erfordert. Vor dem Sprechen kommt das Denken. Im besten Fall darüber, was Sie sagen und wie Sie es formulieren. Denn einmal ausgesprochene Worte sind schwer revidierbar. Der Klient schenkt Ihnen sein Vertrauen und seinen Glauben. Selbst wenn Sie nicht für sein Handeln verantwortlich sind, das sich aus Ihren Aussagen möglicherweise ableitet, sind Sie gleichwohl für Ihre Worte verantwortlich, die ihn zu seinem Handeln bewegen!

Um den Überblick zu bewahren

Selbst kleinere Legesysteme bestehen oft aus mindestens einer Handvoll Kombinationen. Die Große Tafel hält unzählige Kombinationsmöglichkeiten bereit. Die Aussagen, die sich aus den einzelnen Kombinationen ergeben, sollen mit allen anderen sinnvoll verknüpft werden. Das bedeutet, dass Sie genau im Kopf behalten müssen, was Sie an welcher Stelle erschlossen haben. Dabei kann sich jede Menge an Informationen ansammeln, die im Gehirn verwaltet werden muss. Wer dabei nicht den Überblick behält und nur rein intuitiv durchs Kartenbild schwirrt, kennt sich nicht mehr aus und steckt fest. Nur mit Köpfchen kommen Sie weiter und meistern den Symbol-Dschungel.

Tatsächlich hilft ein altes Patentrezept dabei, immer wieder den Kopf einzuschalten: Papier und Bleistift. Was wir notieren, bleibt auf jeden Fall haften und ist jederzeit nachrecherchierbar. Somit verlieren wir keine wertvollen Informationen, gerade in größeren Legungen. Außerdem können wir wie in einer Art Mindmap visuelle Verknüpfungen herstellen und daraus Zusammenhänge bilden. Der Gesamtkontext einer Legung wird damit umso klarer und tiefgängiger! Übrigens habe ich verschiedene Merk- und Deutungshilfen in gedruckter Form herausgebracht. Die praktischen Vorlagen bieten auch versierten Kartenlegern die Möglichkeit, ihre Legungen intensiv zu studieren und zu memorieren.

– KAPITEL 5 –

Betriebsblind

Jeder, der Karten legt, möchte gerne etwas über sein eigenes Leben erfahren. Meist ist das sogar der hauptsächliche Beweggrund, sich intensiver mit der Kartenarbeit zu beschäftigen. Umso größer ist die Enttäuschung, wenn man feststellt, dass es alles andere als leicht ist, die Karten für sich selbst zu interpretieren. Wenn die Deutung für andere schon recht passabel klappt, verspricht man sich davon, ebenso für die eigene Person Antworten herauslesen zu können. Doch bei der Selbstansicht werden wir betriebsblind.

Das Quizshow-Phänomen

Sind wir es gewohnt, für andere die Karten mit einer beinahen Selbstverständlichkeit sprechen zu lassen, scheinen sie zu verstummen, sobald wir uns bemühen, mit ihnen über eigene Angelegenheiten zu »sprechen«. Als wäre der Kanal zu unserem Wissen unterbrochen, und es flackert nur mehr ein kryptisches Testbild auf dem inneren Monitor.

Dieses Phänomen ist vergleichbar mit der Teilnahme an einer Quizshow. Sitzen die Leute im Studio auf dem Kandidatenstuhl, fallen ihnen manchmal die simpelsten Antworten nicht mehr ein, die sie zu Hause auf der Couch aus dem Effeff gewusst hätten.

Psychologisch betrachtet ist das nicht verwunderlich: Nur wenn wir nicht involviert sind und nichts zu verlieren haben, sind wir unbefangen und haben einen freien Kopf. Sobald wir in direkter Weise betroffen sind, verkrampfen wir. Nichts anderes geschieht, wenn wir die Karten in persönlichen Belangen befragen. Da es um uns selbst geht, ist eine freie und neutrale Sicht schwer möglich – vor allem, wenn wir gewisse Ergebnisse wünschen oder fürchten. Das ist kein Blackout, sondern nichts anderes als Betriebsblindheit.

Warum eine neutrale Person mehr sieht

Je stärker Sie mit einer Situation emotional verbunden sind, umso weniger gelingt es Ihnen, aus den Karten zu lesen. In diesem Fall ist es ratsam, sich von einer neutralen Person die Karten legen und deuten zu lassen. Sie sollte vom Fach sein und Ihnen nicht nahestehen. Sich von jemandem die Karten legen zu lassen, mit dem Sie in einem engeren Verhältnis stehen, ist meist ebenso wenig konstruktiv wie sich selbst die Karten zu legen. Selbst wenn diese Person etwas vom Kartenlegen versteht, kann sie Ihnen nicht unvoreingenommen und neutral die Karten deuten. Denn sie beabsichtigt nicht, Sie enttäuschen zu wollen, und könnte daher – bewusst oder nicht – ihre Deutung aus Mitgefühl beschönigen. Mitunter ist sie in Ihr Thema schon zu weit eingeweiht, sodass ihr die nötige Distanz dazu fehlt.

Es gibt also viele Gründe, warum eine nahestehende Person ebenso ihre Not haben wird, für Sie die Karten zu lesen wie Sie selbst (siehe Kapitel 13 ›Grenzgänge‹). Bei mir ist es nicht anders. Ich tue mich schwer, wenn mich jemand aus meinem engeren Kreis bittet, für ihn einen Blick in die Karten zu werfen. Darum lege ich äußerst ungern und selten für Menschen, die mir sehr nahestehen.

Wie ich auf die Schnauze fiel

Für mich selbst schaue ich nur dann in die Karten, wenn es sich um nichts Großes handelt. Mit dem Ziehen von Tageskarten absolviere ich ein fortlaufendes Deutungstraining. Außerdem unterstütze ich öfter eine persönliche Entscheidungsfindung mithilfe der Karten oder frage nach der Entwicklung eines speziellen Vorhabens – aber nie nach dessen Ausgang! Ich verwende die Karten fast ausschließlich zur Erwägung meiner nächsten Schritte und somit nur in einem zeitnahen Kontext. Es kommt sogar vor, dass ich die Karten wochenlang kaum für eigene Zwecke nutze.

Auf meinem Blog habe ich einige meiner Erlebnisse und Erfahrungen mit eigenen Prognosen veröffentlicht. Und es ist immer wieder amüsant – zumindest im Nachhinein gesehen –, dass ich trotz meines festen Glaubens an die Botschaft der Karten ihrem Rat zuwiderhandele.

Einmal hatte ich auf die Wahl einer Ferienwohnung an der Ostsee gelegt. Damals lebte ich noch nicht dort, inzwischen schon. Es standen zwei Objekte zur Auswahl. Eines davon kannte ich und hatte es in bester Erinnerung, das andere sah vielversprechend aus. Ich legte für beide Möglichkeiten eine 3er-Kombination. Eindeutig besser lag die mir bekannte Wohnung, trotzdem entschied ich mich für die andere.

Was soll ich sagen, es stellte sich schon am ersten Tag als Fehler heraus. Die Wohnung war bei Weitem nicht so gemütlich wie im Internet angepriesen. Ich fühlte mich in diesem Domizil überhaupt nicht wohl, was sogar eine verfrühte Abreise zur Folge hatte. An die Kombination für diese Wohnung erinnere ich mich: *Haus, Hund* und *Sarg*. *Haus* und *Hund* stehen für das Wohlfühlen, die Gemütlichkeit. Der *Sarg* drückt aus, dass dieser Aspekt dort nicht gegeben ist. Die Kombination als solches hatte ich zwar korrekt gedeutet, aber dennoch zu wenig darauf gegeben. Wie sollte es anders sein, sie hatte sich bewahrheitet.

Seitdem habe ich mir vorgenommen, meine eigenen Deutungen ernster zu nehmen und den Rat der Karten zu befolgen, auch wenn er mir zunächst missfällt. Am Ende hat er sich doch nahezu immer als der richtige erwiesen.

Wünschen Sie die Karten für sich selbst zu legen, ist es empfehlenswert, sich an folgenden Punkten zu orientieren, um Herz und Kopf freizuhalten:

Beim Mischen neutral bleiben

Eine der wichtigsten Voraussetzungen für die Eigenlegung ist das Fernhalten von Emotionen und Gedanken während des Mischens der Karten. Klare und vor allem unverfälschte Kartenbilder kommen immer nur dann zustande, wenn sich weder Gefühle noch Gedanken im wahrsten Sinne des Wortes einmischen.

Da es uns schwerfällt, Abstand zu eigenen Themen zu finden – gerade, wenn sie auf der Seele brennen –, wandern die Gedanken beim Mischen meist wie magnetisch angezogen dorthin. Noch heikler ist es, wenn wir in einem emotional erregten Zustand zu den Karten greifen. Oftmals ist der Wunsch Vater der Gedanken und wird so machtvoll auf die Karten projiziert, dass wir darin das gespiegelt bekommen, was wir uns am meisten herbeisehnen oder befürchten. Das mag zunächst be(un-)ruhigen, ist aber nichts weiter als Fiktion. Übrigens stelle ich in einem meiner kostenlosen YouTube-Videos eine Ziehmethode vor, mit der Sie sichergehen, Ihre Gedanken und Gefühle nicht buchstäblich einzumischen.

Nicht nach dem finalen Ausgang fragen

Auch wenn es noch so verlockend sein mag, rate ich dringend davon ab, in einer emotional belastenden Situation nach dem finalen Ausgang einer Problematik zu fragen. Ist das Ergebnis der Karten nicht so wie erwünscht, kann Ihnen das enorm viel Mut und Kraft rauben. Ein Bild voller zerschlagener Hoffnungen vor sich zu haben, ist wahrlich bitter und schwer zu verdauen. Ist man ohnehin schon psychisch angeschlagen, führen unerfreuliche Prognosen zu doppeltem Frust und Verzweiflung. Im schlimmsten Fall hat das zur Folge, dass Sie wichtige und notwendige Schritte unterlassen und keine Eigeninitiative mehr aufbringen.

Nur in den wenigsten Fällen mag es befreiend sein, sich einen unerwünschten Ausgang zu vergegenwärtigen. Wenn Sie schon fest mit einem Misslingen gerechnet haben, kann die Bestätigung der Karten dabei hilfreich sein, etwas loszulassen. Solange jedoch Hoffnung auf ein gutes Ende besteht, sollten Sie sich jegliche »Endzeit-Prognosen« ersparen. Nur das, was Sie zum jetzigen Zeitpunkt annehmen können, ist für eine Befragung angemessen. Wie Sie in belastenden Situationen geschickt vorgehen können, steht im folgenden Punkt.

Nur kleine Schritte abfragen

Wer sich in eigener Sache den Rat der Orakelkarten holt, sollte am besten nur die nächsten Schritte oder allenfalls zeitnahe Etappen abfragen. Die Gefahr, den Wald vor lauter Bäumen nicht zu sehen, ist dabei minimiert.

Ich empfehle die Minilegung, die aus einer oder mehreren 3er-Kombinationen besteht und demnach an Einfachheit und Klarheit nicht zu überbieten ist (siehe *Der Lenormandkarten-Lehrgang, Basiskurs I und II* sowie zahlreiche Beispiellegungen auf meinem YouTube-Kanal *weltdeslenormand*). Ihr zeitlicher Rahmen erstreckt sich auf maximal drei Monate. Diese Legeweise ist damit wie geschaffen für Fragen nach unmittelbaren Entwicklungen. Sie gewinnen klare Anhaltspunkte für Ihr weiteres Vorgehen. In Abstimmung mit

Ihren Plänen und Zielen können Sie einen selbst gewählten Zeitraum oder Zeitpunkt vorgeben, sofern er sich nicht über drei Monate hinaus erstreckt. Dadurch haben Sie einen gezielten Blick auf kurze Abschnitte oder einzelne Vorhaben. Insbesondere für die nächsten Schritte erhalten Sie dank der Kurzlegungen eine aussagekräftige Hilfestellung.

Beachten Sie, dass die Große Tafel für das Abfragen kleiner Schritte nicht geeignet ist, weil sie zum einen zu viele, vor allem miteinander verkettete Informationen anbietet, zum anderen eher für weitläufige Entwicklungen gedacht ist. Damit ist sie für dieses Vorhaben zu unkonkret.

Die Minilegung – so klein sie auch erscheinen mag – ist ausreichend für ein breites Spektrum an Fragen. Entscheidend dabei ist, dass Sie sich bei Ihrer Kartenbefragung auf ein gezieltes Thema beziehen und sich davon idealerweise eine spezielle Situation herausgreifen. Je konkreter Sie mit Ihrer Frage an die Karten auf die Thematik eingehen, desto besser. Lesen Sie dazu unbedingt im Kapitel 11 ›Klare Linie‹ den Abschnitt ›Die Frage eingrenzen‹. Eine Minilegung ist vergleichbar mit einer Lupe, sie ist kein Leuchtturm wie die Große Tafel.

Angenommen, beruflich würde es bei Ihnen momentan nicht gut laufen. Mithilfe der Minilegung erfahren Sie mehr über die Einzelheiten der bevorstehenden Zeit. Allerdings zerlegen Sie dazu das Thema in mehrere Einheiten. Zum Beispiel, wozu die Bewerbung bei Firma X führt oder was Sie mit Ihrem angemieteten Praxisraum machen. Sie könnten dazu fragen, welcher Schritt aktuell am vorteilhaftesten für Sie ist und was Sie vermeiden sollten. Einzelne Aspekte sind nicht nur einfach zu deuten, sie liefern vor allem konkrete Anhaltspunkte und damit eine deutliche Orientierung. Sie können sich dabei kaum verzetteln. Dank kleiner Legungen mit kurzen Zeiträumen ermöglichen Sie sich eine klare Ansicht in eigener Sache.

Auch wenn die Neugier riesig sein mag, kann ich Ihnen ans Herz legen, sich für die eigenen Prognosen zeitlich nicht zu weit aus dem Fenster zu lehnen.

Es wird in den meisten Fällen mehr Schaden anrichten als Gutes bringen, weil man kein neutraler Beobachter und Betrachter seiner selbst sein kann. Daher sollten Sie längerfristige Ansichten für die eigenen Vorschauen meiden und sich auf kurze Zeiträume fokussieren. So klammern Sie unsichere und verwirrende Deutungen für sich selbst aus.

Nicht überfragen

In Kapitel 11 ›Klare Linie‹ werde ich ausführlicher auf den wesentlichen Kern der Fragestellung eingehen. Dennoch möchte ich an dieser Stelle schon etwas vorwegnehmen: Auf der dringenden Suche nach Antworten kennen wir oftmals kein sinnvolles Maß. In einer verzweifelten Situation befragen wir die Karten so lange, bis die Aussagen wirr und widersprüchlich erscheinen. In einem solchen Fall wurde das Kartenorakel überfragt. Dann ist es allerhöchste Zeit, die Karten beiseitezulegen. Denn egal, wie wir die Fragen formulieren, es wird nicht besser.

Warten Sie unbedingt eine Weile ab, bis sich alles ein wenig gesetzt hat und Sie selbst wieder klarer sehen. Orakel sind geduldig, aber fordert man sie zu lange heraus, werden sie vom Wegweiser zum Labyrinth.

Fokus auf die Kernaussage setzen

Ein häufiger Grund für Betriebsblindheit liegt im fehlenden Fokus auf die Kernbotschaft der Legung. Allzu leicht lassen wir uns in eigenen (ebenso in fremden Legungen) vom Wesentlichen ablenken und stürzen uns auf Details, die uns immer weiter vom Kern der Sache abbringen. Da wir unser eigenes Leben bestens kennen, meinen wir, die Karten nähmen überall Bezug auf dieses und jenes. Mangels Distanz zu den persönlichen Lebensinhalten können wir schwer unterscheiden, wobei es sich um eine wichtige Aussage oder nur um Beiwerk bzw. Belanglosigkeiten handelt. Dadurch verzetteln wir uns gnadenlos.

Wenn wir für uns selbst die Karten legen, ist es überaus wichtig, uns im Wesentlichen auf die zentrale Botschaft der Legung zu konzentrieren. Nur so finden wir am Ende die Antwort, die wir suchen. Was dabei hilft ist, sich wiederholt die Fragestellung zu vergegenwärtigen und zu überprüfen, ob wir uns immer noch zielgenau auf der Deutungslinie befinden oder längst abgeschweift sind. Versuchen Sie, in drei Sätzen wiederzugeben, was die komplette Legung Ihnen sagen möchte.

Stellen Sie sich vor, Sie haben einen rasenden Reporter vor sich, der Ihnen wie auf dem roten Teppich das Mikro vor die Nase hält und Sie um ein kurzes Statement bittet. Was würden Sie antworten?

Bei einer Minilegung sollte sogar ein Satz genügen. Das bringt die Sache auf den Punkt und vermeidet Deutungswust. Ein weiterer Leitsatz lautet also: Je kleiner die Legung, desto kürzer die Aussage. Dieses Credo sollten Sie unbedingt bei Ihren Lenormandlegungen beherzigen, um den Inhalt kleiner Legungen nicht künstlich aufzublasen und somit die darin enthaltenen stichhaltigen Aussagen nicht zu verwässern. Weniger ist mehr!

– KAPITEL 6 –

Fernwahrnehmung

Ist es möglich, dass Kartenlegen über die Ferne funktioniert? Das ist eine der Fragen, die am häufigsten gestellt und kontrovers diskutiert wird. Meine Antwort lautet: ja. Es ist definitiv möglich, jemandem die Karten zu legen, der nicht anwesend ist.

Kartenlegen bis ins Weltall?

Folgende Behauptung mag exorbitant erscheinen: Theoretisch könnte der Ratsuchende auf dem Mond oder sogar auf einem Lichtjahr entfernten Exoplaneten im tiefsten Weltall verweilen. Gleich wie groß die räumliche Distanz zwischen dem Kartendeuter und dem Ratsuchenden sein sollte, die Karten liefern qualitativ dieselben Aussagen. Die Begründung dafür ist einleuchtend: Energie ist nicht an Zeit und Raum gebunden, sie ist immer und überall existent. Selbst wenn eine Person weit von Ihnen entfernt ist, verlieren Sie nicht die innere Verbindung zu ihr bzw. ist es möglich, energetischen Kontakt herzustellen.

Angenommen, Sie haben ein Kind, das im Ausland studiert. Wenn es ihm nicht gut geht, spüren Sie es und wenn Sie miteinander telefonieren, ist der Draht wie eh und je. All das wäre unmöglich, wenn Energie mit zunehmender Entfernung abnähme. Wäre dem so, würde man immer nur dann etwas Zwischenmenschliches spüren, wenn die Person direkt anwesend wäre. Würde sich der andere entfernen, müsste das Gefühl füreinander – welcher Art es sein mag – nach wenigen Metern oder Kilometern abklingen. Aus diesem Grund sind wir in der Lage, unabhängig von Ort und Zeit immer eine energetische Verbindung zu jemandem zu knüpfen und aufrecht zu erhalten. Der direkte Draht ist nicht einmal notwendig, um für jemand anderen in die Karten zu schauen. Denn es ist möglich, auf Menschen die Karten zu legen, ohne jemals in Kontakt mit ihnen gewesen zu sein.

Wenn zum Beispiel ein Ratsuchender einen Blick auf die Partnerschaft wünscht, ist der betreffende Partner zumeist weder anwesend noch dem Kartendeuter bekannt. Trotzdem können im Zusammenhang mit der eigenen befragten Situation klare Aussagen über diese Person getroffen werden, bitte hierzu unbedingt Kapitel 13 ›Grenzgänge‹, Abschnitt ›Abwesende Personen‹ beachten! Selbst ohne jegliche Kontaktaufnahme oder energetische Verbindung ist es also zweifellos möglich, Botschaften über den unbekannten Menschen zu empfangen. Das erklärt unter anderem, warum ein Medium Informationen über eine vermisste Person erhält.

Daten aus der Quelle abrufen

Manche Kartendeuter sind der Überzeugung, besser aus den Karten zu lesen, wenn sie den Ratsuchenden direkt vor sich haben. Meine Erfahrung ist eine andere. Für mich persönlich spielt der Abstand keine Rolle, weil ich weiß, dass die Karten unabhängig von der Art des Kontakts Klartext sprechen.

Im Prinzip ist ein Kartenbild nichts weiter als eine Art Blaupause des Lebensplanes – zumindest ein kleiner Ausschnitt davon. Mit dem Blick in die Karten wird nur eine Information verbildlicht, die ohnehin schon im Äther präsent ist. Wo sich der virtuelle »Datenträger« befindet, ist nicht bekannt. Aber das große Universum wird schon einen Platz dafür haben. Auf jeden Fall gibt es eine Quelle, die uns beim Legen und Deuten der Karten mit den verfügbaren Informationen versorgt. Manche nennen diese Quelle universelles Bewusstsein, andere sprechen von der Matrix oder kosmischen Energiefeldern. Manche erklären die Möglichkeiten der kartengestützten Prognose damit, dass sich das Unterbewusstsein des Fragenden mitteilt und dem Bewusstsein verborgenes Wissen offenbart.

An dieser These mag etwas dran sein, dennoch ist damit nicht erklärbar, warum Kartenlegen für Personen funktioniert, die gar nicht anwesend sind oder die nicht wissen, dass etwas über sie erfragt wird. Denn in diesem Fall kann das Unterbewusstsein nicht als Informationsquelle dienen.

Ätherische Dimensionen zu erfassen ist Zukunftsmusik, von der wir bis jetzt nur leise Töne erahnen. Welche Kräfte zwischen Sender und Empfänger tatsächlich wirken, bleibt daher eine offene Frage.

Mir persönlich ist es nicht wichtig zu wissen, warum das Kartenlegen über die Ferne funktioniert, da ich kein wissenschaftliches Experiment daraus veranstalten möchte und ohnehin keinen allgemeingültigen Beleg dafür brauche.

Aufgrund meiner langjährigen persönlichen Erfahrung kann ich Ihnen aber versichern, dass Kartenlegen über die Ferne ohne jede Einschränkung funktioniert.

– KAPITEL 7 –

Kein Kodex

Wenn wir uns zum ersten Mal mit Lenormandkarten beschäftigen, sind ihre Bedeutungen der zentrale Ausgangspunkt. Um diese näher kennenzulernen und besser zu verstehen, nutzen wir verschiedene Mittel und Wege.

Zu unserem Erstaunen werden wir feststellen, dass weder Fachliteratur noch Experten einheitliche Bedeutungsbegriffe und Deutungsregeln zu den Karten verwenden. Identische oder nahezu übereinstimmende Lehren gibt es nicht. Stattdessen treffen wir auf einen bunten Dschungel an Interpretationen, da die Symbolik bis auf gewisse Standards von jedem etwas anders ausgelegt wird. Wie sind die teils massiven Abweichungen und Auffassungen erklärbar?

Kein »Lenormand-Grundgesetz«

Eine gewisse Grundcharakteristik der Lenormandkarten wird von allen annähernd gleich oder zumindest ähnlich verwendet, zum Beispiel der *Brief* als Symbol für Kommunikation oder der *Ring* als Stellvertreter für Beziehungen. Ebenso sind sich alle einig darüber, dass

Sonne und *Blumen* zu den vorwiegend positiven Karten zählen, *Turm* und *Sarg* hingegen eher ein düsteres, destruktives Wesen zeigen. Viel weiter führt die gemeinsame Richtschnur nicht. Denn darüber hinaus gibt es zahlreiche Haupt- und Nebenbedeutungen, die je nach Autor oder Lehre grundlegend verschieden sind. Begriffe, die der eine Experte als Standardrepertoire betrachtet, sind einem anderen gänzlich fremd und umgekehrt. Ein einheitlicher Kanon der Kartenbedeutungen hat nie existiert und wird es in Zukunft vermutlich auch nicht. Statt einer einstimmigen Auslegung der Symbolik gibt es eine ausgesprochene Interpretationsvielfalt.

Kathleen Bergmann · *Kingdom's Night Lenormand* · 2022/2023

Noch weiter über den Tellerrand blickend möchte ich Sie kurz ins Land der aufgehenden Sonne entführen. In Japan herrscht ein regelrechter »Lenormand-Boom«. Durch den weltweiten Vertrieb meiner Kartendecks stehe ich mit mehreren Japanerinnen in Kontakt. Genau wie in Deutschland gibt es in Japan inzwischen ein breites Angebot an kostenlosen »Lenormand-Readings« auf Social Media-Kanälen. Für mich ist es spannend zu beobachten, wie in anderen Ländern Lenormand gehandhabt wird. Während man beispielsweise auf westlichen Kanälen noch eine klare Übereinstimmung mit unserer deutschen Auffassung und Auslegung des Lenormand erkennt, driftet diese mit Japan völlig auseinander. Die Bedeutungen der Karten sind zum Teil komplett anders, wenn nicht sogar gegensätzlich, was mit der Kultur und Religion des Landes zu tun hat. So wird zum Beispiel in Japan die *Schlange* mitunter als Glücksbringer und der *Fuchs* als Hüter vor Angriffen gesehen. Während unsere Betrachtungsweise der Symbolik stark vom Christentum geprägt ist, beruht die japanische Sicht auf buddhistischen und shintoistischen Wurzeln. Dementsprechend sind den japanischen Lenormandnutzern manche für uns gebräuchliche Kartenbedeutungen völlig fremd und umgekehrt. Wenn also schon kein »Lenormand-Kodex« innerhalb unseres Kulturraumes möglich ist, gibt es erst recht keinen internationalen.

Kehren wir wieder zu unseren Wurzeln des Lenormand zurück. Wir haben festgestellt, dass es für die Bedeutungen der Karten kein Standardwerk gibt und eine große Bandbreite an Bedeutungsvariationen existiert. Die Diversität gilt jedoch nicht nur für Lenormandsymbolik. Auch mit den Deutungsmethoden verhält es sich ähnlich. Das birgt den Nachteil, dass sich Anfänger nicht an allgemein verbindlichen Richtlinien orientieren können. Kartenorakel lassen sich nun einmal leider nicht wie eine technische Wissenschaft in eine allgemeingültige Form pressen. Ähnlich wie Kunst und Philosophie sind sie etwas frei Gestaltbares und Interpretierbares. Generell gibt es für das Lenormand nur *Deutungshilfen* und keine *Deutungsgesetze*. Trotzdem ist es möglich, im Rahmen seines persönlich entworfenen Lehrsystems Regeln aufzustellen und Zuordnungen zu schaffen, die der Kartendeutung mehr Struktur und Klarheit schenken.

Lehre statt Leere

Eine Lehre muss immer gewisse Grundlagen enthalten. Bei der Anwendung des Lenormand ist es jedoch dem freien Geist überlassen, wie und woraus er sich seine Lehre zusammenstellt. Demnach hat jeder Lenormandcoach die Möglichkeit, persönliche Erfahrungen und Erkenntnisse in die Kunst des Kartenlesens einfließen zu lassen. Wenn daraus ein praxistaugliches Konzept wird, das die Deutung der Lenormandkarten zugänglicher und verständlicher macht, eben eine konstruktive Anleitung zum Lernen bietet, profitieren alle davon. So erklärt sich die Vielfalt an Lehrkonzepten und Lehrmeinungen, die sich kaum unter einem Dach vereinen lässt.

Mir gefällt die Idee der Interpretationsfreiheit, da sie die Möglichkeit bietet, das Lenormand immer wieder neu zu entdecken und zu erfahren. Alles, was festgeschrieben ist und damit überall gleich praktiziert wird, entbehrt Potenzial zur Entfaltung, geschweige denn zur Weiterentwicklung.

Als analytischer und bodenständiger Mensch ist es mir persönlich dennoch wichtig, meine Lehre schlüssig und strukturiert zu gestalten.

Damit Zuordnungen und Deutungsweisen nachvollziehbar sind, lege ich in meinen Büchern, Videokursen und auf dem Blog alle meine Gedanken dazu offen. Jeder kann dann für sich entscheiden, was er davon in seine Deutungswelt übernimmt.

– KAPITEL 8 –

Am Puls der Zeit

Warum es im Lenormand kein vereinheitlichtes Lehrsystem gibt, haben Sie im vorherigen Kapitel 7 ›Kein Kodex‹ erfahren. Unterschiedliche Auffassungen in der Symboldeutung sind aber keineswegs von Nachteil, sogar im Gegenteil. Nur wenn die Welt bunt ist, lebt sie.

Jeder ist Teil des »Lenormand-Forschungsprojekts«

Wenn jeder die Freiheit besitzt, individuelle Vorstellungen zu einer Symbolik zu entwickeln, sich buchstäblich ein eigenes Bild davon zu machen, bleibt der Austausch zu den Orakelkarten inspirierend und lebendig. Jeder erforscht die Lenormandkarten auf seine Weise und entwickelt dabei neue Erkenntnisse und Deutungsansätze. Sofern diese in der Gedankenführung nachvollziehbar sind und einen erkennbaren Mehrwert für die Deutungspraxis liefern, können andere Anwender von den gewonnenen Ergebnissen profitieren. Damit ist jeder ein Teil des »Lenormand-Forschungsprojekts« und den Erkundungen seiner vielfältigen Dimensionen.

Offizielle Forschungen gibt es bisher kaum; nur das Wissen, das von diversen Autoren und Bloggern zusammengetragen wurde. Gerade deshalb ist es so wichtig, dass zunehmend wertvolle Beiträge und neue Impulse geschaffen werden, die den Blick in den symbolischen Reichtum der Karten weiter vertiefen. Mit dem Werk *Die fabelhafte Welt des Lenormand* habe ich meinen Beitrag dazu geleistet, den Rätseln der Lenormandkarten näher auf die Spur zu kommen und Geheimnisse seiner Symbolik zu lüften.

Meiner Meinung nach besteht nach wie vor ein Defizit hinsichtlich der Bedeutungsvielfalt der einzelnen Lenormandkarten. Hier wurden Bedeutungen aus alten Zeiten tradiert, aber kaum modernisiert.

Darum halte ich es für notwendig, die Bedeutungsspektren der Karten zu erweitern. Sie zeitgemäßer und alltagstauglicher zu vermitteln und gleichsam Traditionen zu bewahren, ist eines meiner persönlichen Anliegen.

Die Welt der Mme Lenormand

Die Entdeckung des Lenormand reicht ins 19. Jahrhundert zurück. Zumindest fand es nach dem Tod von Mme Lenormand das erste Mal öffentliche Erwähnung in einem deutschen Zeitungsartikel. Darin wurde über ein Kartenspiel berichtet, das den Namen der großen Seherin trug. Laut Beschreibung würde es mehr dem Amüsement dienen als der Prophetie. Geweissagt wurde dennoch, wenn auch hinter verschlossenen Türen. Wir können davon ausgehen, dass das Lenormand in seiner Urfassung wesentlich älter ist.

Versetzen wir uns gedanklich zurück in die Zeit, als Mme Lenormand den Schauplatz spannender Geschichte betrat. Eine, die im Frankreich des ausklingenden 18. Jahrhunderts von anhaltenden Revolutionswirren geprägt war, die Herrschaftsgewalt des Adels eben verabschiedet hatte und die ersten Menschen- und Bürgerrechte erklärte. Wer Mme Lenormand aufsuchte, war dennoch selten ein einfacher Bürger, sondern zählte zur hochrangigen Gesellschaft, die trotz aller politischen und sozialen Umwälzungen jener Zeit unbeirrt ein antiquiertes Weltbild in sich trug.

Was in der Welt von damals Anlass zu einer Séance gab, hatte nur wenig gemeinsam mit der Welt, in der wir uns heute bewegen und die uns bewegt. Im vorletzten Jahrhundert waren die Anliegen, womit die Menschen ein Medium wie Mme Lenormand aufsuchten, eher einfältig und zuweilen nicht sonderlich ehrenwert.

Hauptsächlich drehten sich die Belange der Ratsuchenden um Ansehen und Macht sowie um Skandale und Intrigen. Am Hofe und auf den Schlachtfeldern gab es ein Hauen und Stechen ohnegleichen. Die Gunst des herrschenden Kaisers Napoleon zu erwerben oder zumindest als Günstling in seinem Machtapparat mitzuwirken, war eines der primären Ziele der feinen Herrschaften. Überdies erhoffte man zu erfahren, ob die Mitgift der Braut anständig ausfiel oder ob der Gatte zum Militär berufen würde und wer hinter dem Postkutschenraub steckte. Heiratsallianzen, Regierungsgeschäfte, Aufstieg und Niedergang des Familienclans waren als Themen hoch im Kurs.

Frauen interessierten sich dafür, wie sie beim Buhlen um die Aufmerksamkeit ruhmreicher Heiratskandidaten die Konkurrenz überlisten könnten und ob ein Stammhalter die arrangierte Ehe krönen würde und welche noblen Gesten und Geschenke sie erwarten könnten. Im Grunde drehte sich alles um Anerkennung und Absicherung. Nur wer einen gewissen Stand und Vermögen erlangte, galt als vollwertiges Mitglied der Gesellschaft.

Die Séance von einst – kein Vergleich mit heute

Das persönliche Glück oder gar eine individuelle Entfaltung standen keineswegs wie heute im Vordergrund, da es unüblich, wenn nicht sogar unmöglich war, eigene Wünsche und Träume zu verwirklichen, vor allem nicht für Menschen aus weniger begünstigten Gesellschaftsschichten und Frauen. Die Lebenswege waren meist klar vorgezeichnet und daher unumgänglich. Das Recht auf persönliche Freiheit und Selbstbestimmung war zu jener Zeit für viele noch ein weit entfernter Traum. Somit war der Fokus einer Séance auf eine überschaubare Anzahl ähnlich gestrickter Angelegenheiten beschränkt, die kaum vergleichbar sind mit der unermesslichen, weiten Themenvielfalt und Tiefe von heute.

Die Karte Kreuz im Wandel der Zeit

So wie sich die Zeiten geändert haben, hat sich auch die Sicht auf die Karten gewandelt. Welche Bedeutungen man den einzelnen Symbolen zuordnete und was man aus den Karten herauslas, war stets abhängig vom vorherrschenden Zeitgeist. Der Blick auf die

Aussagekraft einer Lenormandkarte soll deutlich machen, wie unterschiedlich die Interpretation von damals zu heute ausfällt.

Kathleen Bergmann · *Lichtblick Lenormand* · 2018

Während einer Karte wie dem *Kreuz* weit ins 20. Jahrhundert hinein eine überaus christlich-religiöse Bedeutung zugesprochen wurde, interpretieren wir es heutzutage vielmehr als Schicksals- oder Karmakarte. Wir können davon ausgehen, dass zu Zeiten Mme Lenormand niemand vom heutzutage so populären Begriff des *Karmas* gesprochen hat. Dessen Lehre, die auf dem Buddhismus fußt, war den allermeisten christlich geprägten Menschen gänzlich unbekannt.

Umso stärker wurde dafür das *Kreuz* mit Vokabular aus dem katholischen »Wörterbuch« belegt wie zum Beispiel *Buße* und *Sünde*, damals allgegenwärtige Schlagwörter. Heute benutzen wir diese Begriffe für die Beschreibung des *Kreuzes* kaum noch, weil sich durch ein im Laufe der Jahrhunderte transformiertes Weltbild die Glaubensfragen komplett reformiert und liberalisiert haben. Dieses Beispiel zeigt deutlich, welchem Wandel die Bedeutungen der Lenormandkarten unterworfen sind.

Botschafter einer neuen Zeit

Jede Zeit und jede Generation hat ihre eigenen Vorstellungen und Werte, die sich in der Bedeutung der Karten widerspiegeln. Postulierte man Anfang des Jahrhunderts den Begriff von *Stolz und Ehre*, sprechen wir heute eher von Freiheit und Toleranz.

Mit der ständigen Verschiebung unserer Weltanschauung und Ideale unterliegt die Symboldeutung einer permanenten Veränderung. Sie ist stets ein Spiegel unserer Zeit – der geistigen und spirituellen Strömungen, der gesamten gesellschaftlichen wie sozialen Entwicklung. Es ist unsere Aufgabe, den Bedeutungskatalog der Lenormandkarten ständig zu aktualisieren und ihn damit an das Zeitgeschehen und das Gedankengut von heute anzupassen. Ansonsten bleiben die Bedeutungen der Karten in einer antiquierten und angestaubten Schublade stecken. Ein altes Sprichwort lautet: »Wer nicht mit der Zeit geht, stirbt mit der Zeit.«

Nur wenn wir die Karten an unsere moderne Weltsicht anpassen und zu einem zeitgemäßen Mittel machen, nützen sie uns vollumfänglich als Botschafter.

Gleichwohl soll die traditionelle Darstellung und Deutung des Lenormand nicht in Vergessenheit geraten, denn damit begann eine unvergleichliche Geschichte. Die alten Bilder erzählen uns, auf welche mythologischen und mystischen Wurzeln die Symbolik des Lenormand zurückreicht.

Zugleich ist eine moderne, anpassungsfähige Auffassung der Symbolik unverzichtbar. Nur so wird den sich schnell wandelnden Bedürfnissen und Belangen unserer Zeit Rechnung getragen. Es geht mitnichten darum, das traditionelle Verständnis auszulöschen, sondern zu erweitern.

Der Turm aus damaliger und heutiger Sicht

Am *Turm* sehen wir ein weiteres Beispiel für den Wandel unserer Wahrnehmung. Die Sichtweisen von damals und heute sind manchenteils sogar gegensätzlich. Früher hätte man den *Turm* mit *Gefängnis* oder *Kloster* übersetzt. Der Gedanke an das eine wie das andere mochte für Ratsuchende äußerst angsteinflößend sein. Da unser Obrigkeitsdenken nicht mehr in dem Maße wie damals vorhanden ist, sehen wir den *Turm* weniger als Träger der Regierungs- oder Kirchengewalt. Heute betrachten wir den *Turm* aus einer neuen Perspektive.

Patrick Scheller · *Mondnacht Lenormand* · 2019

Beispielsweise erkennen wir heute im *Turm* einen Rückzugsort, den wir freiwillig aufsuchen, um den Anforderungen des Alltags zu entfliehen. Bei seiner Betrachtung kommt uns in den Sinn, Grenzen zu setzen und diese sogar als wohltuend oder befreiend zu erfahren. Eine Vorstellung, die zu Zeiten Mme Lenormand völlig abwegig gewesen wäre. Früher hätte man im *Turm* lediglich zwei Vorboten erkannt: Entweder wurde man zum Opfer gewisser Obrigkeiten oder bekam andersherum die Gelegenheit, eigene Machtansprüche auszuweiten. Eine einseitige Sicht, die die Welt nur in Gut und Böse teilte und das persönliche Schicksal überwiegend von fremden Mächten gelenkt sah.

Natürlich kann der *Turm* nach wie vor als etwas Behördliches betrachtet werden, auch hat er seine negative Kernbedeutung beibehalten. Dennoch ist sein Deutungsraum im Vergleich zu früher weitaus weniger eingeengt. Nicht zu unterschätzen ist die psychologische Komponente, die wir heute als selbstverständlichen Bestandteil einer Kartendeutung auffassen. Zu Zeiten Mme Lenormand war die Psychologie nicht einmal entdeckt, also sprach auch niemand davon.

Wer braucht schon ein Wörterbuch von 1912?

Die neu gewonnene Vielfalt an Bedeutungen benötigen wir für eine lebensnahe und zeitgemäße Interpretation. Wir Menschen haben uns seit dem 18. Jahrhundert in großen Schritten weiterentwickelt. So verlangt unsere Sicht der Karten nach einer grundlegenden Erneuerung. Dafür ist es notwendig, zum einen überholte Deutungsbegriffe neu zu formulieren und zum anderen das bestehende Bedeutungsspektrum um aktuelle Stichwörter zu ergänzen. Denn mit den einst gebräuchlichen Begriffen kann man die heutige Bandbreite des Lebens bei Weitem nicht mehr abdecken. Das wäre so, als würde man einen Duden aus dem Jahr 1912 zur Hand nehmen und sich wundern, warum darin Wörter wie *Internet, Burnout, Fake* und *Selbstverwirklichung* fehlen. Solche Begriffe, die in unserer heutigen Gesellschaft fest etabliert sind, dürfen im Standardrepertoire der Kartenbedeutungen keinesfalls fehlen. Ihnen gebührt darin ein fester Platz, sodass wir sie ohne Umschweife im Kartenbild erkennen.

Ungleich schwerer ist es, die Bedeutungen der alten Bildnisse auf die heutige Zeit zu übertragen. Wenn wir heute von Personen sprechen, zu denen wir aufschauen, meinen wir damit eher unseren Yogalehrer, CEO oder Therapeuten. Längst ist das Rollenverständnis von einst weit überholt – ein Update der Kartenbedeutungen damit wichtiger denn je.

In meinem Buch *Die fabelhafte Welt des Lenormand* habe ich die spirituellen und psychologischen Bedeutungen der Karten dokumentiert. Ich werde mich weiterhin bemühen, mich dem überaus wichtigen Bereich der Lenormandforschung und -entwicklung zu widmen, weil ich der Überzeugung bin, dass keine Wissenschaft den Bezug zur Gegenwart – und damit zum realen Leben – verlieren darf. Ansonsten bleibt nur eine angegraute Theorie übrig, die nicht bedarfsgerecht und schon gar nicht praxistauglich ist.

Bezug zur Gegenwart herstellen

Auch Sie können den Lenormandkarten unserer Gegenwart entsprechende Bedeutungen hinzufügen, wenn Sie überzeugt sind, dass sie die Deutung zu gewissen Themen bereichern und erweitern. Das Lenormand ist und bleibt ein offenes System, zu dem jeder einen sinnvollen Beitrag leisten kann. Mancher Beitrag findet Verbreitung, ein anderer ist vielleicht nur für einen selbst gültig. Denken Sie daran, diese ergänzenden Begriffe wiederholt in Ihre Deutungen einzubeziehen. Denn nur so werden sie sich im Kopf und in den Karten dauerhaft manifestieren.

Tauschen Sie sich mit anderen über neue Ideen und Vorschläge zu den Kartenbedeutungen aus. Auf diese Weise werden sie weitergegeben und können anderen bei ihrer Deutung ebenso nützlich sein. Wie eingangs erwähnt, sind Sie damit auf dem Gebiet der Lenormandkarten Teil eines stetigen Forschungsprojekts, dessen Ziel es ist, die Deutungswelt lebens- und zeitnah zu halten.

– KAPITEL 9 –

Gefährliches Halbwissen

Sicherlich ist Ihnen im Zusammenhang mit der Treffsicherheit beim Kartenlegen schon einmal der Begriff *Trefferquote* über den Weg gelaufen. Klingt nach statistischer Datenerhebung. Manche Kartenleger preisen sich mit ihrer sogenannten Trefferquote, die angeblich immer besonders hoch liegt. Dabei stellt sich für mich die Frage, nach welchem Auswertungsverfahren diese Quote berechnet wird und ob dabei wirklich objektive Maßstäbe und Langzeit-Evaluierungen zugrunde liegen. Ob die angepriesene Trefferquote tatsächlich immer hält, was sie verspricht, sei dahingestellt.

Abgesehen davon gibt es bei der Befragung von Orakeln niemals eine Garantie auf eine 100-prozentige Trefferquote. Ich stelle sogar die gewagte These auf: Niemand, der Karten deutet, erreicht jemals die volle Punktzahl an Treffern. Diese ernüchternde Bilanz soll jedoch nicht entmutigen. Jeder von uns möge immer zum Ziel haben, das Maximum aus seinen Fähigkeiten herauszuholen, um die beste Version eines Kartenlegers zu werden. Jedoch hängt die Steigerung der Trefferquote immer von einem entscheidenden Faktor ab – der Fehlerquote. Doch wie können wir diese drastisch senken?

Es ist nicht alles Gold, was glänzt

Am häufigsten rühren Fehldeutungen daher, dass Bildungsinhalte zum Thema Lenormandkarten zum Teil gravierende Lücken und Mängel aufweisen und somit nichts weiter als Halbwissen vermitteln. Das heißt, die angebotenen Informationsquellen und Lehrmaterialien sind im schlechtesten Fall laienhaft, inkonsistent, praxisfern oder unvollständig. Ein Höchstmaß an Qualität und Kompetenz in der Kartendeutung ist nur erreichbar, wenn sich die Quellen unseres Wissens durch Professionalität und Praxisnähe auszeichnen, siehe Kapitel 3 ›Viele Köche verderben den Brei‹.

Über die Lenormandkarten, ihre Bedeutung und Anwendung wird jede Menge Unsinn verbreitet, vor allem im Netz. Meine Schüler und Leser berichten mir immer wieder von äußerst fragwürdigen und teils haarsträubenden Lehrinhalten, die auch von Profis weitergegeben werden. Manchmal ist es zum Schmunzeln komisch, doch viel mehr ist es ernsthaft bedenklich. Denn wer sich nicht auskennt, läuft Gefahr, sich mangelhaftes und praxisuntaugliches Wissen anzueignen. Oft wird es ansprechend dargeboten und als seriös gepriesen, sodass nur ein echter Experte feststellen kann, was hinter der Aufmachung steckt.

Bevor Sie auf die falsche Fährte gelockt werden, ist es ratsam, die Lehrangebote zum Lenormand mittels folgender Checkliste genau zu prüfen. Auch Ihr bereits erworbenes Wissen sollten Sie einer Prüfung unterziehen um sicherzugehen, dass die von Ihnen praktizierte Lehre den qualitativen Ansprüchen gerecht wird.

Erhalte ich ein vollständig durchdachte und erklärte Anleitung?

Eine solide Anleitung trägt ein Prädikat, das sie neben anderen wichtigen Merkmalen besonders auszeichnet: Sie ist *vollständig*, das heißt, sie führt von A bis Z mit nachvollziehbaren Erklärungen durch die Praxis. Sobald Deutungsmethoden nur angedeutet oder ungenügend erklärt sind, bleibt ein Teil der Lehre ein Geheimnis. Damit ist sie im Grunde genommen überflüssig. Zumindest ist aus meiner Sicht der Wert einer Lehre nicht erkennbar, wenn entscheidende Grundzüge der Kartendeutung nicht offengelegt werden. Eine Anleitung, die notwendige Deutungstechniken gar nicht erst vorstellt, sondern so tut, als würden sie nicht existieren bzw. verzichtbar sein, ist eine ebenso miserable Alternative. Leider kommt das häufig vor. Einzig und allein mit einer Lehre, die nichts verheimlicht, kommen Sie an Ihr Ziel.

Ein inhaltlich professionelles Lehrmittel muss den Lernenden an die Hand nehmen und ihn durch die unbekannte Welt führen, bis er sich selbst darin zurechtfindet und seinen Weg zum Ziel sicher weitergeht. Nur so stellt sich dauerhaft Freude und Erfolg ein. Natürlich werden auf der Reise neue Fragen auftauchen, aber eine solide Basis muss im vollen Umfang gegeben sein.

Fußt das Wissen auf Annahmen und Gerüchten oder auf einer handfesten Expertise?

Häufig tauchen zweifelhafte Aussagen in Foren und Gruppen auf, wo sich Laien untereinander weiterhelfen. An sich ist das eine feine Idee, aber leider wimmelt es an diesen Stellen nur so vor Fehlerquellen. Die dort umlaufenden Informationen zum Lenormand sind oft nicht ausreichend fundiert, geschweige denn von Experten belegt. Was Sie vom Hörensagen aufschnappen, sollten Sie nicht ungeprüft zum Bestandteil Ihrer Deutungspraxis machen. Das kann gründlich schiefgehen.

Es spricht nichts dagegen, mit diversen Ratschlägen und Informationen für sich zu experimentieren. Möchten Sie jedoch wissen, ob die Tipps wirklich praxistauglich sind, sollten Sie jemanden fragen, der mit dem Lenormand professionell arbeitet. Es ist ratsam, dass Sie sich für ein ernsthaftes Lenormandstudium an Anleitungen und Empfehlungen von Experten halten.

Gewinnt mein Deutungsweg durch das Lehrkonzept eine deutlich bessere Struktur?

Ziel eines Lenormandstudiums ist es, das Symbolsystem zu verinnerlichen und anhand von Kombinationen und Legungen sichere und klare Deutungen vorzunehmen. Mit einer soliden Anleitung ist es möglich, dieses Ziel Schritt für Schritt zu erreichen. Eine professionelle Lehre begleitet Sie von Anfang bis Ende, sie zeigt Ihnen den roten Faden.

Im besten Fall endet ein kompetentes Lehrkonzept nie, weil es Sie über das fortgeschrittene Stadium hinaus mit neuen Erkenntnissen, Weiterbildungsmöglichkeiten, Übungsmaterial und Deutungstipps unterstützt. Da Lenormand eine Lebensschule ist, wird ein qualitativ hochwertiges Lehrkonzept zu einem treuen Begleiter und dauerhaften Mentor.

Dazu darf und soll eine qualifizierte Lenormandausbildung anspruchsvoll und intensiv sein. Sie nimmt Ihnen definitiv nicht das Lernen und Üben ab, denn sie fordert und fördert zugleich. Mit durchdachten Lehrmitteln kann eine gute Lehre auch komplexe Inhalte praxisnah vermitteln. Dafür sollte das Material in Form von Büchern, Videos, Blogs oder Seminaren unbedingt eine ausreichende Anzahl von Praxisbeispielen für alle Lernstufen bereithalten, welche die Theorie nachvollziehbar veranschaulichen.

Wird der Sprung in die direkte Anwendung des Erlernten nicht von Anfang an gewagt, kann mit zunehmender Theorie die Hemmschwelle wachsen, diese in die Praxis umzusetzen. Ein umfassender Lehrplan berücksichtigt Theorie und Praxis gleichermaßen und ebnet somit den Weg zum Erfolg.

Da die Symboldeutung anhand von Legungen und Kombinationen vielschichtig und umfangreich ist, sollte ein ausgeklügeltes Lehrkonzept verschiedene Hilfsmittel anbieten, die das Deuten vereinfachen. Sie schaffen Struktur und Sicherheit. In meiner Lenormandlehre sind den Karten bestimmte Funktionen zugeordnet, die bei der Deutung wertvolle Dienste leisten. So gibt es beispielsweise die *Zwei-Gesichter-Karten*, deren Lage entscheidet, wie sich die jeweilige Karte auswirkt. Dazu zählen die *Mäuse*, die auf einer Seite etwas vermindern und auf der anderen vermehren. Aussagen gewinnen durch diese »Navigationshilfe« an Präzision und Zuverlässigkeit.

Darum können unterschiedliche Deutungstechniken eine enorme Erleichterung darstellen. Gerne nehme ich den Vergleich mit einem Auto, das mich umso komfortabler und sicherer von A nach B bringt, je besser es mit nützlichen Features ausgestattet ist.

Ich bin der Meinung, dass man sich das Deuten nicht noch schwerer machen sollte, als es ohnehin schon ist.

Aber Vorsicht: Zu viele Deutungstechniken und Legevarianten stiften wiederum Verwirrung und wirken kontraproduktiv. Zum Beispiel benötigt man nicht Dutzende von Legesystemen, wenn man mit vier bis fünf Legesystemen 90 Prozent der Befragungen abdecken kann. Besonders bei der Großen Tafel führt der Einsatz von allen möglichen Deutungsmethoden nicht unbedingt zu mehr Durchblick oder einem Mehrwert an Aussagen. Im Gegenteil: Hier ist weniger mehr, siehe Kapitel 11 ›Klare Linie‹. Ebenso überflüssig und irreführend sind Dutzende von Bedeutungen zu einer Karte, da die Mehrzahl davon nur in den seltensten Fällen gebraucht wird und ohnehin kaum zu merken ist.

Summa summarum bietet ein gutes Lehrangebot eine umfassende, praxisbezogene Schritt-für-Schritt-Anleitung mit effizienten Deutungstechniken sowie Hilfestellungen für alle Lernstufen.

Kann ich das vermittelte Wissen so alltagstauglich und wirklichkeitsnah wie nur möglich anwenden?

Das Lenormand sowie alle anderen Orakelkarten zählen zur Esoterik. Bekanntlich bietet diese viel Raum für Illusion und Spekulation. So gibt es über die Lenormandkarten nicht wenig zweifelhaftes Wissen, das an der Realität und Praxistauglichkeit vorbeiführt. Leider sind ausgerechnet diese Lehrangebote besonders verführerisch, weil sie in Aussicht stellen, den Lenormandkarten jede nur erdenkliche Information entlocken zu können. Die Wahrheit aber lautet: Auch wenn das Lenormand viel zu sagen vermag, es ist nicht allwissend.

Dennoch werden immer weiter irrige Annahmen darüber verbreitet, was mit den Orakelkarten alles zu sehen sei. Zum Beispiel ist es nahezu unmöglich, mittels der Karten Menschen äußerlich exakt zu beschreiben. Im Höchstfall können vage Angaben zur Statur oder Haarfarbe getroffen werden, aber da bin ich schon äußerst skeptisch. Eindeutig identifizierbare Personenprofile zu erstellen ist die Arbeit eines Profilers und nicht die eines Kartenlegers.

Ebenso wenig kann man genaue Wohnorte oder kalendarische Daten mittels der Lenormandkarten fixieren. Auch Mengenangaben sind nahezu ein Ding der Unmöglichkeit. Das Lenormand ist ebenso wenig geeignet, vermisste Menschen aufzuspüren (für die Suche von Gegenständen ist es jedoch im begrenzten Rahmen geeignet) wie damit, Vorhersagen für eine ganze Lebensdauer zu leisten. Die Liste der Dinge, die mit dem Lenormand *nicht* erkennbar sind, könnte weit fortgeführt werden. Sie ist definitiv länger als die Reihe an Dingen, die über das Lenormand ermittelbar sind.

Darüber hinaus wird jede Menge unnötiges Wissen zu den Kartenbedeutungen publiziert, die man in der Realität so gut wie nie benötigt, wie eine Kombination für einen sprechenden Papagei oder ein Gipfelkreuz. Auch gewisse Deutungstechniken können sich in realitätsfremden Sphären verlieren oder zu großen Raum für ein »Wunschkonzert« lassen. Dieser Punkt ist für Einsteiger mit am schwersten zu durchschauen. Insbesondere zu Beginn des großen Abenteuers Lenormand ist es äußerst verlockend, alles Mögliche und Unmögliche mittels der Karten entdecken zu wollen, was leider auf einen ziemlich schmalen Grat zwischen Realität und Fantasie führen kann.

Stutzig werden sollten Sie auf alle Fälle, wenn die Methode verspricht, damit *alles* über eine Person oder Angelegenheit zu erfahren, beispielsweise genaue zeitliche Abläufe oder konkrete Hergänge von Ereignissen; Aussehen und Biografie; fixe oder vertrauliche Daten; zeitlich unbegrenzte Prognosen; genaue Angaben zu Zahlen, Alter und Quantitäten; Bezeichnung von speziellen Gegenständen oder Marken; Anfangsbuchstaben von Namen; Sternzeichen; Nennung von Orten und Ländern; technische und medizinische Aspekte. Je mehr Ihnen davon versprochen wird, desto vorsichtiger sollten Sie werden. An dieser Stelle gibt es jede Menge Aufklärungsbedarf.

Auch ich bin schon einmal der ein oder anderen Person begegnet, die über die Lenormandkarten angeblich die erstaunlichsten Fakten zu Tage beförderte.

Allerdings waren dabei die Karten nur Mittel zum Zweck. Denn in Wahrheit empfing das Medium die präzisen Angaben über einen anderen übersinnlichen Kanal, zum Beispiel durch Channeling oder Hellsicht. Die Karten waren nichts weiter als Beiwerk. Denn Weissagungen erscheinen glaubwürdiger, wenn sie durch »Ansichtsmaterial« unterstützt werden. Das ist kein billiger Trick, sondern eine legitime und von medial arbeitenden Menschen häufig angewandte Methode, um Vertrauen und Transparenz zu schaffen. Man darf nur nicht glauben, all das Gesagte beruhe auf dem Allwissen der Karten.

Lerne ich durch das erworbene Wissen eigenständig zu deuten?

Diese Frage ist von großer Bedeutung. Denn eine Anleitung ist dazu gedacht, nach einer gewissen Zeit darauf verzichten zu können. Nämlich wenn der Lernende die Theorie so gut beherrscht, dass er damit in der Praxis eigenständig arbeiten kann.

Doch nicht alle Lehrkonzepte machen sich nach dem Studium entbehrlich, ganz im Gegenteil. Beispielsweise gibt es Lenormandbücher, die Kombinationen aus zwei Karten und deren Bedeutungen auflisten. Grundsätzlich spricht nichts dagegen – die Sache hat nur einen Haken: Um tatsächliche **alle** Bedeutungen einer Kombination, angewandt auf verschiedene Lebensbereiche und -situationen, zu erfassen, würde wohl ein ganzes Bücherregal nicht ausreichen. Es ist also nahezu unmöglich, alle Varianten einer Kombinationsdeutung darzustellen. Was davon auf Büchern, Blogs und Webseiten wiedergegeben wird, behandelt lediglich eine Auswahl, aber niemals den gesamten Umfang an Deutungsmöglichkeiten. Daher kann eine solche Auflistung immer nur eine Hilfestellung und Inspiration sein, aber niemals das eigenständige Denken und Deuten der Karten ersetzen!

Am Anfang mag eine »Rezeptdeutung« hilfreich erscheinen, aber greifen Sie immerzu auf Universal-Deutungslisten (für 2er-Kombinationen) zurück, lernen Sie niemals selbstständig zu deuten. Vorgaben erzeugen eine Abhängigkeit von einem Determinismus, da der Anwender seine Deutung immerzu darauf stützt und sich darauf verlässt. Somit ruft er jedes Mal, wenn die entsprechende Kombination erneut auftaucht, ein- und dieselben Aussagen dazu ab. Einer individuell durchdachten und »durchfühlten« Deutung, die sich an der Situation und Fragestellung des Ratsuchenden orientiert, werden Vorgaben »von der Stange« niemals gerecht. Eine Lenormanddeutung, die allein darauf basiert, kann niemals erfolgreich sein, zumal dabei die Zusammenhänge zwischen den einzelnen Kombinationen, die maßgeblich für die Gesamtaussage einer Legung sind, völlig außer Acht gelassen werden. Zudem existieren keine standardisierten Deutungslisten für 3er-Kombinationen, aber gerade diese kommen in kleinen wie großen Legungen zur Genüge vor. Spätestens dabei ist eigenes Deutungsgeschick gefragt.

Prinzipiell spricht nichts gegen Nachschlagemöglichkeiten, wenn sie als Denkanstoß für die individuelle Deutung genutzt werden. Keinesfalls sollen und können sie den elementaren Prozess des Deutens ersetzen. Jeder Lernende muss sich auf Dauer ein eigenes umfassendes Grundverständnis von den Karten aufbauen, um Legungen ohne fremde Hilfe deuten zu können.

Daher setze ich in meinen Büchern, auf meinem YouTube-Kanal und auf meinem Blog auf Kombinationstraining, das die eigene Deutungsgabe schult. Kombinationsbeispiele sollen zeigen, welche Deutungsvielfalt möglich ist und wie man an eine solche Deutung herangeht. Lehrmaterial, das nicht zum selbstständigen Denken und Verstehen anregt, ist meiner Ansicht nach nicht fundiert und für professionelle Einsatzzwecke völlig unzureichend.

Bewege ich mich noch im Rahmen der vorhersehbaren und moralisch vertretbaren Möglichkeiten?

Sich mit dieser Frage auseinanderzusetzen ist zwar etwas unbequem, aber absolut notwendig. Gerade als Anfänger kann man kaum wissen, wo die Grenzen der Verantwortlichkeit und Vertretbarkeit im Umgang mit einem Orakel verlaufen. Orakel besitzen leider die impertinente Eigenschaft, extreme Neugierde zu wecken. Damit läuft jeder, der sie einsetzt, Gefahr, weit über das Ziel hinauszuschießen. Zum einen mit den Wünschen, die er an das Orakel heranträgt, zum anderen mit der Interpretation der Botschaften, die er von ihm erhält.

Wie Sie eben schon erfahren haben, ist kein Kartenorakel allwissend. Doch die Versuchung ist groß, es für alle möglichen Zwecke zu missbrauchen. Es gibt klare Regeln, in welchen Situationen die Befragung der Karten fehl am Platz ist. Damit sollten Sie sich unbedingt vertraut machen, auch wenn Sie nur privat Karten legen. Sobald Sie für andere Personen in die Karten schauen, tragen Sie eine gewisse Verantwortung für Ihre Aussagen. Lesen Sie dazu im Kapitel 13 ›Grenzgänge‹ alles Wichtige nach.

Leider werden diese ethischen Grundprinzipien, die nicht nur für das Lenormand, sondern für alle anderen Kartenorakel wie Tarot, Skat etc. gelten, viel zu wenig vermittelt. Aus Unwissenheit und Unachtsamkeit werden sie von vielen Mentoren komplett übergangen. Es finden kaum Schulungen dazu statt, ganz zu schweigen vom Lehrmittelangebot, das sich wenig bis gar nicht mit diesen Leitlinien beschäftigt. Zwar weiß jeder, dass man das Thema Tod in den Karten besser außen vorlassen sollte. Aber in welchen Fällen wir ansonsten gar nicht dazu befugt sind, jemanden mittels der Karten zu beraten, ist vielen unklar. Außerdem gibt es eine Grauzone, in der wir gründlich abwägen sollten, ob eine Kartenbefragung Sinn macht. Auch darüber muss jeder Kartendeutende genau informiert sein, um sich nicht auf dünnem Eis zu bewegen. Ein Lehrangebot ist keinesfalls schlecht, wenn es auf diese Aspekte nicht eingeht. Jedoch sollten Sie sich ergänzend dazu über die ethischen Leitlinien eingehend informieren – zu Ihrem eigenen Schutz und dem des Ratsuchenden.

Wer Mitglied im Tarotverband Tarot e.V. ist, verpflichtet sich einem Ehrenkodex. Dieser enthält Bestimmungen, die einen verantwortungsbewussten Umgang in der Beratung mit Tarot gewährleisten sollen. Eine solche Qualitätssicherung gibt es mangels einer organisatorischen Einheit für Lenormandberatende bedauerlicherweise noch nicht.

– KAPITEL 10 –

Hang zum Übertreiben

Wer häufig mit dem Lenormand arbeitet, hat sicherlich schon einmal folgendes Phänomen bemerkt: Die Karten kündigen Ereignisse und Entwicklungen im viel größeren Stil an, als sie dann in Wirklichkeit ausfallen. Was sich tatsächlich ereignet, gleicht lediglich einer abgeflachten Version dessen, wie es die Karten in Szene gesetzt haben. Sind es wirklich die Karten, die die Dinge in übertriebener Weise darstellen oder sind wir es, die sie drastischer bewerten?

Wenn die große Sensation ausbleibt

Durch auffällige Kombinationen und Konstellationen wollen uns die Karten etwas überdeutlich zeigen. In Ausnahmefällen kann es sich dabei um einen äußerst machtvollen Aspekt in unserem Leben handeln, um ein monumentales Ereignis oder eine herausragende Entwicklung. Dann ist die Sensation ebenso groß, wie die Karten sie angekündigt haben. Solche Meilensteine finden aber nicht andauernd in allen Lebensbereichen statt. Ihrer Seltenheit sollten wir uns beim Kartenlesen bewusst sein. Beim Deuten laufen wir sonst Gefahr, den

Bogen zu überspannen, sobald uns ein Punkt im Kartenbild außergewöhnlich erscheint. Dabei werden positive wie negative Tendenzen gleichermaßen überbewertet. Aus einer kleinen Veränderung wird ein mächtiger Umbruch, ein Flirt zu einer heißen Affäre, ein finanzieller Engpass zur Existenzbedrohung und eine Gehaltserhöhung zum sagenhaften Geldgewinn – zumindest in unserer Vorstellung. Kaum etwas scheint sich laut unserer Interpretation in einem moderaten Rahmen abzuspielen, sondern massive Ausmaße anzunehmen. Doch nur ganz wenige Kartenbilder schreiben Geschichte. Oft fällt das, was wir in unserem Geiste zu Sensationen hochstilisieren, viel bescheidener aus. Es sind nicht die Karten, die maßlos übertreiben – wir sind es, die sie überinterpretieren.

Schuld ist das Kopfkino

Ein konkretes Beispiel verdeutlicht dieses Szenario: Nehmen wir an, vor einer Hauptpersonenkarte bauen sich *Berg*, *Sarg* und *Kreuz* auf.

Kathleen Bergmann · *Epic Light Lenormand* · 2019

Diese Konstellation wirkt furchteinflößend. Wir glauben, darin direkt ein bevorstehendes Unglück zu erkennen, eine schreckliche Lebenskrise oder einen bedenklichen Gemütszustand. In Wirklichkeit stellt es sich heraus, dass die betreffende Person einfach nur Pech hat, weil ein paar Absagen auf eine Bewerbung ins Haus geflattert sind oder sie wegen einer Unpässlichkeit nicht verreisen kann. Alles nicht erheiternd, aber bei Weitem nicht so schwerwiegend wie angenommen.

Freilich kündigt diese Kombination aus zwei negativen Karten mit der Verstärkung durch das *Kreuz* etwas Unangenehmes oder gar Ungutes an. Keinesfalls sollte man solche Kombinationen herunterspielen oder gar missachten. Aber das eintretende Ereignis wird höchstwahrscheinlich weder weltbewegend noch hochdramatisch ausfallen. In den meisten Fällen ist das reale Ausmaß solcher heftigen Kombinationen noch lange kein Weltuntergang. Nur in besonderen Fällen packt das Schicksal tatsächlich zu.

Weitaus schlimmer als das, was in der Realität eintritt, sind unsere Gedanken, die wir uns im Vorfeld dazu machen. Wir Menschen neigen generell dazu, uns alles wesentlich gravierender und folgenreicher auszumalen, als es in Wahrheit kommt. Aber nicht allen Gedanken und Vorstellungen sollten wir Glauben schenken. Wir alle kennen das Phänomen aus unserem Alltag leider nur zu gut. Kaum werden wir zum Chef gerufen, denken wir unweigerlich daran, eine Kündigung zu erhalten. Meldet sich eine Freundin eine Weile weniger, nehmen wir allzu leicht an, sie mache sich nichts mehr aus uns. Daraus lässt sich ein eindeutiger Schluss ziehen: Wir Menschen spielen Kopfkino. Das ist wie im echten Film eine furiose Inszenierung mit dramaturgisch kaum zu überbietenden Effekten. Aus diesem Grund sehen wir in den Karten oftmals mehr, als die Realität hergibt.

Ein weiteres Fallbeispiel zeigt, wie wir eine besonders positive Ansicht überbewerten: Prophezeien wir angesichts der Kombination aus *Sonne, Blumen* und *Sterne* einen bahnbrechenden Erfolg, ist es enttäuschend, wenn sich das Ereignis als weitaus weniger bemerkenswert entpuppt. So ist es beispielsweise doch nur ein kleiner Verlag, der auf die Zusendung unseres Manuskripts anbeißt und nicht das große Verlagshaus, dessen Zusage wir aufgrund der überaus positiven Kartenkombination erhofften. Die Karten haben es gut gemeint und wollten uns mit einer hoffnungsvollen Kombination zeigen, dass die Götter uns gewogen sind.

Kathleen Bergmann · *Epic Light Lenormand* · 2019

Das Ergebnis gibt allen Grund zur Freude, auch wenn unsere Erwartungen viel höher angesetzt waren. Diese resultierten daher, dass wir beim Anblick von *Sonne, Blumen* und *Sterne* an ein Erfolgserlebnis sondergleichen dachten. Immerhin ist diese Kombination eine der besten überhaupt. Daher können wir davon ausgehen, dass der Vertrag mit dem kleinen Verlag für uns zum jetzigen Zeitpunkt die optimale Lösung ist. Wir dürfen unsere Sicht dabei nicht beschränken, denn es kann ja durchaus sein, dass wir mit diesem Vertrag tatsächlich einen großen Stein ins Rollen gebracht haben, der uns zukünftig noch hoch hinausführen wird.

Dazu sollten wir wissen, dass extreme Kartenbilder oder Kartenkombinationen auf eine Kette von Ereignissen verweisen können. Das heißt, eine gewisse Anzahl von Ereignissen und Entwicklungen summiert sich im Laufe der Zeit bis zu einem Punkt auf, wo man tatsächlich davon sprechen kann, dass der positive oder negative Extremfall eingetreten ist. Wenn wir nochmal zurückkehren zu der Kombination aus *Sonne, Blumen* und *Sterne,* ist es möglich, dass der Erfolg in Etappen eintritt und nicht auf einen Schlag. Möglicherweise führt die Veröffentlichung des Buches im kleinen Verlag dazu, dass durch ausgezeichnete Verkaufszahlen schon bald ein größerer darauf aufmerksam wird. Im Zuge dessen erhält man ein überraschendes Angebot für das nächste Projekt. Schlussendlich hätte sich damit der Traum durch die Verkettung von Ereignissen und Entwicklungen bewahrheitet – eben nur schrittweise.

Der Blick auf die Karten verleitet dazu, eine eindimensionale Sicht anzunehmen, besonders zeitlich alles an einem Punkt festzumachen statt an einer Serie. Wir müssen bedenken, dass vor allem die Summe der Dinge zählt und nicht nur die einzelne Komponente.

Natürlich ist es in Einzelfällen möglich, dass man über Nacht einen kolossalen Erfolg erlebt. Wir müssen uns aber immer wieder in die Realität zurückholen und eingestehen, dass so etwas höchstselten geschieht. Zwischen Wunsch und Wahrheit liegt meist ein himmelweiter Unterschied. Entsprechend dürfen wir unsere Deutung nicht auf Wünschen oder Befürchtungen aufbauen, sondern auf realistischen Annahmen. Ein Klient wird Ihnen eher ankreiden, dass Sie mit der Ankündigung eines erfreulichen Ereignisses übertrieben als untertrieben haben. Ein Upgrade auf eine bessere Version nimmt man nämlich leichter hin als eine heruntergestufte Fassung des Prophezeiten.

Wir lernen daraus, dass wir beim Deuten nicht in Extremen denken dürfen, sondern unsere Aussagen ruhig etwas gemäßigter ausfallen sollten, um weder unnötige Ängste noch übersteigerte Hoffnungen zu schüren. Den Karten können wir keinen Vorwurf machen. Sie wollen uns lediglich durch ihre überzogene Darstellungsweise auf einen außergewöhnlichen Punkt aufmerksam machen. Wenn sie es nicht so drastisch zeigten, würden wir die Botschaft allzu leicht übersehen oder gar nicht verstehen. Folglich liegt es an uns, das qualitative Maß der Aussagen zu relativieren und unsere Vorstellung an realistische Maßstäbe und Möglichkeiten anzupassen.

– KAPITEL 11 –

Klare Linie

Warum wir das Deuten der Lenormandkarten oft als so schwierig empfinden, ist leicht beantwortet: **Wir machen es uns selbst schwer!** Ein Grund dafür ist das rasante Lerntempo, das uns zum Fallstrick wird. Lenormand ist keine Materie, die man sich durch ehrgeiziges Einheizen »draufschaffen« kann. Wie nachteilig sich eine Wissensaufnahme in Turbogeschwindigkeit auf unsere Deutungsfähigkeit auswirkt, haben Sie in Kapitel 2 ›Tempolimit‹ erfahren.

Ein weiterer Grund, mit dem wir uns das Lernen unnötig erschweren: **Wir denken zu kompliziert!** Symbolsprachen verführen aufgrund ihrer vielschichtigen Interpretationsmöglichkeiten dazu, mehr herauszulesen, als es sinnvoll und notwendig ist. Damit überlasten wir den Denkprozess und vor allem den Deutungsprozess. Ich nenne es den »Türmchenbau«. In der Hoffnung, unsere Deutung so umfangreich und aussagekräftig wie nur möglich zu gestalten, häufen wir eine Vielzahl von Informationen an, die wir kaum zu überblicken vermögen. Es entstehen ganze Siedlungen von Türmchen, die sich durch die Landschaft des Kartenbildes ziehen und diese zerklüften. Die Folgen sind für die Deutung fatal. Die Qualität unserer Aussagen verbessert sich nicht dadurch, dass wir aus dem Kartenbild eine hohe

Quantität an Informationen herausholen. Denn genau das Gegenteil ist der Fall. Je mehr Aussagen wir auftürmen, desto weniger ist das Gehirn imstande, sie zu verarbeiten. Je mehr Türmchen wir bauen, desto mehr leidet der Kontext darunter, weil wir die Summe an Aussagen nicht mehr zu einem schlüssigen Gesamtbild zusammenfügen können. Unweigerlich droht unser errichtetes Gedankengebäude einzustürzen. Eine solide Deutung, die für den Ratsuchenden verständlich und hilfreich ist, bleibt auf der Strecke.

Da im Lenormand eine enorme Bandbreite an Bedeutungen und Interpretationswegen zur Verfügung steht, sind wir im Zuge einer brauchbaren Deutung permanent dazu aufgefordert, eine Wahl zu treffen. Doch ohne entsprechende Kenntnis und Erfahrung ist es nicht leicht herauszufinden, welche Werkzeuge und Worte für eine klare Linie sorgen.

Hier ein Leitfaden, um weitere Fehler zu vermeiden, mit denen wir uns das Lernen unnötig schwer machen:

Fehler 1: Zu viele Deutungsmethoden gleichzeitig anwenden

Das betrifft vor allem die Große Tafel. Sie umfasst unzählige Kombinationen und Linien, für deren Entschlüsselung eine Vielzahl an Deutungswerkzeugen in Frage kommen. Um selbst eine einzelne Lenormandkarte komplett zu erfassen, bedarf es der Anwendung mehrerer Methoden: Zunächst spielt ihre Häuserposition eine Rolle. Mitunter ist sie eine *Spiegel- und Korrespondenzkarte* und liegt ausgerechnet mit zwei Karten in Kombination zwischen den

Hauptpersonen. Es kommt unter Umständen hinzu, dass sie als *Themenkarte* über zwei Diagonalen verfügt und die Eigenschaft einer *Zwei-Gesichter-Karte* aufweist. Im Extremfall hat sie sogar noch eine *Doppelung* mit einer anderen Karte (zum Beispiel *Ruten* im *Haus des Ankers* mit dem selbigen daneben).[1]

Alle Methoden gleichzeitig anzuwenden birgt die Gefahr, den Deutungsprozess zu überstrapazieren. Vor allem als Einsteiger ist man damit maßlos überfordert. Denn jede einzelne Methode liefert mindestens eine Aussage. Das führt allein bei der Anwendung der eben genannten Deutungsmittel zu einer beträchtlichen Anzahl von Informationen, die zu einer Flutwelle für das Gehirn werden. Eine hochkomplexe Aufgabe, die kognitive Höchstleistung abverlangt – und dies nur bei einer einzelnen Karte! Ganz zu schweigen vom Rest des Kartenbildes, das weitaus mehr Gedankenspiel erfordert. Unser Gehirn dreht dabei nicht nur eine kleine Joggingrunde, sondern vollzieht einen Marathon. Wer nicht darauf trainiert ist, scheitert nach kurzer Etappe. Das ist keinesfalls Unvermögen, sondern die Unmöglichkeit, dieses zu hoch gesteckte Ziel zu erreichen. Wie wir das Ziel tiefer ansetzen und ohne Überforderung die Deutung der Großen Tafel meistern, erfahren Sie gleich.

[1] Die erwähnten Deutungsmethoden für die Große Tafel erkläre ich in meinem Lehrbuch *Der Lenormandkarten-Lehrgang, Band 3*, auf meinem Lenormandblog und meinem YouTube-Kanal ausführlich!

Fehler 2: Zu viel in eine Kombination oder Legung hineininterpretieren

Stellen Sie sich einen Moment vor, Sie wollen sich über ein spezielles Thema informieren und darüber innerhalb einer Stunde das Wichtigste in Erfahrung bringen. Dafür stehen Ihnen zwei Informationsquellen zur Verfügung. Zum einen ein seitenlanger Artikel, der kaum übersichtlich gegliedert ist, keine Überschriften enthält und obendrein mit zu langen, unverständlichen Sätzen gespickt ist, die aus lauter Randinformationen und Nebensächlichkeiten bestehen. Ein Fazit fehlt. Zum anderen finden Sie einen Text in überschaubarer Länge mit klarer Gliederung und aussagekräftigen Überschriften. Der Text bringt alle notwendigen Informationen auf den Punkt und enthält am Ende eine Zusammenfassung.

Welchen bevorzugen Sie? Ich gehe in der Annahme, Sie wählen die zweite Informationsquelle.

Nun wissen Sie, was eine gute Deutung benötigt: Eine überschaubare Anzahl wesentlicher Aussagen, die einen schlüssigen und verständlichen Gesamtkontext bilden.

Egal, ob es sich um ein kleines Legesystem oder die Große Tafel handelt, ist das nur erreichbar, wenn wir nicht zu viel in eine Kombination oder ein Kartenbild hineininterpretieren. Eine Überinterpretation besteht aus einer unüberschaubaren Anzahl von Aussagen ohne festen Zusammenhang. Aufgrund ihrer Zersplitterung lassen sich die Aussagen zu keiner Kernbotschaft zusammenfügen.

Typischerweise verlieren sie sich in Nichtigkeiten und Ausschmückungen, fernab vom Fokus auf die Fragestellung. Die Deutung wird dadurch unnötig aufgebläht, die Aussagekraft nimmt stark ab – genau das Gegenteil einer strukturierten, klar verständlichen Deutung. Besonders nachteilig wirkt sich eine Überinterpretation in der Großen Tafel aus, weil sie den roten Faden abreißen lässt. Dies ist einer der folgenreichsten Fehler, der überhaupt bei der Deutung passieren kann.

Kombinationen sind generell sehr anfällig für Überinterpretationen. Das gilt bereits für kleine Legungen, insbesondere aber für die Große Tafel, weil darin keine Kombination für sich steht, sondern in einen großen Kontext eingebunden ist. Dadurch sind einzelne Kombinationen schwer abgrenzbar und ihre Gesamtheit kaum noch überschaubar. Da die Große Tafel Hunderte von Kombinationsmöglichkeiten bietet, sind wir gar nicht in der Lage, alles zu erfassen. Ohne entsprechende Filter würden alle Einzelaussagen zusammengenommen eine schier endlose Aufzählung ergeben. Weder besitzen wir so viel Merkfähigkeit, noch sind wir imstande, daraus einen schlüssigen Gesamtkontext zu bilden. Eine klare Kernbotschaft bzw. eine klare Linie rückt somit in weite Ferne. Stattdessen landen wir mit einem überdimensionierten Deutungsversuch erneut beim vergeblichen »Türmchenbau«.

Fazit: Eine Kartendeutung ist kein Roman. Es geht um eine aussagekräftige Deutung, die das Wesentliche in einer überschaubaren Anzahl von Kernaussagen auf den Punkt bringt. Eine klare Linie erzeugt klare Botschaften. Und um nichts anderes geht es, wenn wir für jemanden aus den Karten lesen.

Denken Sie an die Wahl, die Sie vorher zwischen den beiden Informationsquellen getroffen haben. Bestimmt haben Sie sich für die kurze, knackige Variante entschieden. Versuchen Sie, diese auch für Ihr Deutungskonzept zu finden.

Mit diesen Tipps gelingt die klare Linie:

Fokus setzen

Deutungstechniken für die Große Tafel gibt es viele. Allerdings bringt mehr nicht mehr, sondern mehr bringt weniger. Denn ein Zuviel an angewandten Deutungstechniken führt automatisch zum »Türmchenbau«.

Die Kunst des Kartenlesens besteht darin, mit möglichst wenig Deutungstechniken an die Schlüsselbotschaften zu gelangen. Diese goldene Regel betrifft vor allem die Große Tafel. Welche Deutungsmethoden zur Anwendung kommen, entscheidet sich bei jeder Legung neu. Jedoch gibt es ein paar grundlegende Deutungstechniken, die ich persönlich für unverzichtbar halte. Da sie hocheffizient sind, kommen sie immer zum Einsatz, darunter *Spiegel- und Korrespondenzkarten.*

Bei den *Häusern* muss deutlich selektiert werden, denn nicht alle Plätze sind für die Deutung relevant. Es reicht, sich nur die *Häuser* anzuschauen, die entscheidende Bezugspunkte darstellen.

Ebenso wenig müssen Sie jede einzelne horizontale, vertikale oder diagonale Linie in Ihre Deutung einbeziehen. Hierfür gilt dasselbe Prinzip wie für die Kombinationen, die sich ja auf den Linien befinden. Würde man alle deuten, wäre der Überblick und somit auch der Gesamtkontext verloren. Um es einmal bildlich zu beschreiben: Die einen Linien schweigen oder flüstern, die anderen sprechen laut und deutlich. Nicht alle können und müssen Sie »hören«. Die Wahl ist auch hier immer davon abhängig, welche Linie einflussreiche und damit botschaftsreiche Karten enthält. Je mehr sich eine Linie durch *Karten im eigenen Haus, Doppelungen, Platztausch* oder deutungsrelevante *Themen- und Personenkarten* hervorspielt, desto »lauter« ist sie. Diese »Ziellinien« möchten Ihnen die gesuchten Antworten geben.

Neben der analytischen Vorgehensweise zum Aufspüren der Schlüsselbotschaften ist natürlich ein intuitives Herangehen empfehlenswert. Wenn Sie fühlen, dass Sie immer wieder zu einer Komponente geführt werden, liegt dort eine wichtige Botschaft bereit, auch wenn diese nach rein analytischen Aspekten nicht deutungsrelevant erscheint, siehe Punkt ›Intuition als Botendienst‹. Für die analytische wie auch für die intuitive Vorgehensweise benötigen Sie ein wenig Gespür und Erfahrung. Aber mit der Zeit erkennen Sie die »Ziellinien« recht zügig und zielsicher.

Fokussierung ist alles: Sobald Sie feststellen, dass Sie sich immer weiter verstricken und somit vom Deutungspfad abkommen, sollten Sie innehalten. Führen Sie sich gedanklich wieder zu dem Ausgangspunkt zurück, wo Sie die letzte Kernbotschaft erschlossen haben. Versuchen Sie im nächsten Schritt, mit dem Einsatz der Deutungstechniken Maß zu halten. Lassen Sie alles weg, was die Legung zersplittert und damit die Aussagen überfrachtet. Denken Sie immer daran: Weniger ist mehr. Zum Beispiel kann es völlig ausreichend sein, von einer *Themenkarte* nur die *Spiegel- und Korrespondenzkarten* zu betrachten, um eine deutliche Aussage zu gewinnen. Achten Sie dabei auf Doppelungen, zum Beispiel *Hund* im *Haus des Briefes*, der sich zugleich mit dem *Brief* spiegelt. Solche prominenten Merkmale gilt es immer zu beachten. In diesem Fall hätten Sie bereits zwei bis drei Deutungstechniken eingesetzt. Das ist in aller Regel schon genug. Wenn Sie jetzt noch auf den *Brief* springen würden, um zu schauen, in welchem *Haus* er liegt, welche Karten er um sich herumhat und welche Linien von ihm abgehen, sind Sie schon zu weit gegangen. Dann hätten Sie zu viele Deutungstechniken auf einmal angewandt. Sehr wahrscheinlich würden Sie dabei den Fokus und folglich den roten Faden verlieren.

Eine Handvoll zuverlässiger Deutungsmethoden, die klare Ergebnisse ermöglichen, sind mehr wert als ein riesiger Baukasten an Deutungswerkzeugen.

Selbst wenn sie verlockend und raffiniert erscheinen, die Qualität der Aussagen bleibt auf der Strecke. Denken Sie immer daran: Sie nehmen nicht am »Turmbau-Förderungsprogramm« teil.

Abstriche machen

Alle Punkte, bei denen Sie sich in Ihrer Deutung der Großen Tafel zu unsicher sind, sollten Sie konsequent weglassen. Das klingt zunächst hart, aber es ist der einzige Weg, zu einer Deutung zu gelangen, die sich für Sie und den Ratsuchenden am Ende stimmig anfühlt. Geraten Sie im Kartenbild an einen Punkt, der sich kaum oder nur mit Gewalt entschlüsseln lässt, haben Sie sich entweder verzettelt oder dieser Punkt ist nicht spruchreif. Wenn Sie trotz alledem dazu eine vage Aussage treffen, ist die Gefahr groß, dass Sie danebenliegen werden. Was einmal ausgesprochen wurde, lässt sich kaum rückgängig machen.

Wenn Sie schon beim Deuten merken, dass an der heiklen Stelle »kein Schuh draus« wird, lassen Sie es besser bleiben. Erst recht, wenn sich dabei ein Gefühl der Unsicherheit einschleicht. Wechseln Sie zu einem anderen Punkt. Keiner hat etwas von Aussagen, die auf wackeligen Füßen stehen. Es zählt nur das, was Sie sicher deuten und somit nach bestem Wissen und Gewissen vertreten können. Lesen Sie dazu auch im Kapitel 16 ›Fehlinterpretation‹ den Abschnitt ›Werden Sie schon zu Beginn der Deutung unsicher?‹.

Intuition als Botendienst

Es gibt eine goldene Regel, die insbesondere bei der Großen Tafel zu einem zuverlässigen Lotsen für Schlüsselbotschaften wird. Dabei kommt ausnahmsweise nicht der Kopf, sondern nur der Bauch zum Einsatz. Lassen Sie sich beim ersten »Scan« der Legung unbedingt von Ihrer Intuition an aufschlussreiche Quellen des Kartenbildes führen. Wo einer dieser Punkte liegt, merken Sie daran, wohin Ihr Blick als Erstes wandert und möglicherweise immer wieder hingeführt wird. Oft sind es Stellen, wo Sie ein intensives Gefühl oder sogar Gänsehaut bekommen oder Punkte, bei denen sich die Karten während des Auslegens schon eigenwillig verhalten haben. Genau an diesen Meilensteinen treffen Sie garantiert ins Schwarze. Ungeachtet aller »Spielregeln« sollten Sie genau dort beim Deuten die Priorität setzen und die darin enthaltene Botschaft als einen der großen Eckpfeiler Ihrer Deutung betrachten. Sie könnte sogar zum Aufhänger für den gesamten Verlauf der Interpretation werden. Gleichwohl sollten Sie bei der Interpretation dieser sensitiven Punkte klassische Deutungsmethoden anwenden.

Nicht vom Weg abkommen

Beim Kartenlegen kämpfen viele damit, keine klare Linie in ihre Legungen zu bekommen. Eingangs sagte ich etwas provokativ, dass unsere viel zu komplizierte Denkweise einer der Hauptgründe dafür ist. Doch in genau diese Falle tappen selbst die erfahrensten Kartendeuter: Sie lassen sich von zu vielen Nebensächlichkeiten innerhalb des Kartenbildes ablenken und verstricken sich dadurch in unnötigen Details. Wohin das führt, habe ich geschildert.

Es gibt klar erkennbare, teils strukturierte Wege, die durch eine Legung führen und einen sicher als Ziel bringen. Je umfangreicher das Legesystem, wie beispielsweise die Große Tafel, umso verzweigter und verzwickter wird es. Damit steigt die Gefahr, durch allzu viele Verästelungen vom eingeschlagenen Deutungsweg abzukommen. Das ist zum einen der Fall, wenn zu viele Deutungstechniken angewendet werden und dadurch der Fokus fehlt (siehe oben). Zum anderen, wenn mangels Anleitung nicht klar ist, wie man das Kartenbild Schritt für Schritt abgeht. Wer klarsehen will, muss permanent darauf achten, auf dem Weg zu bleiben. Damit Sie sich gar nicht erst verlaufen, können Sie sich zwischendurch mittels folgender Fragen neu »einnorden«:

Halte ich mich konsequent an die Fragestellung / bleibe ich beim befragten Kernthema?
Habe ich meine Meilensteine (= Kernaussagen) im Blick oder bin ich schon zu weit davon abgekommen?
Folge ich einer strukturierten Vorgehensweise?
Schmücke ich den Inhalt aus, um die Deutung unnötig aufzublähen?
Ist der Gesamtkontext schlüssig und verständlich oder gibt es verwirrende Aussagen?
Erzähle ich einen Roman oder bringe ich das Wesentliche auf den Punkt?

Die Frage eingrenzen

Ich kann gar nicht häufig genug erwähnen, wie allesentscheidend die richtige Fragestellung für die gesamte Deutung ist. Daher lautet eine weitere Grundregel für die klare Linie: Ein Kartenbild wird umso deutlicher und aussagekräftiger, je stärker die Frage eingegrenzt ist. Das bedeutet, die Frage bezieht sich auf einen bestimmten Lebensbereich und im Optimalfall auf eine spezielle Thematik des Ratsuchenden, zum Beispiel die Jobsituation. Nur wenn wir den Fokus auf ein Thema bzw. eine Situation setzen, können wir präzise Antworten erwarten.

Stellen Sie sich den Fokus einer Kamera vor. Je weitwinkliger Sie den Bildausschnitt durch die Kameralinse wählen, desto mehr ist zwar auf Ihrem Bild drauf, allerdings ohne Details. Am Strand könnten Sie somit ein Bild von der Weite des Meeres aufnehmen, wo vielleicht noch eine Seebrücke und verschwommen ein paar entfernte Boote zu sehen sind.

Je kleiner Sie hingegen den Bildausschnitt ansetzen, umso detailreicher wird das Bild. Dafür zoomen Sie an ein einziges Objekt, zum Beispiel eine Muschel. Auf diesem Bild erkennen Sie ihre feine Struktur und sogar die darauf liegenden Sandkörner. Die Muschel wäre im Landschaftsfoto gar nicht zu sehen. Je näher Sie also heranzoomen, umso klarer wird ein einzelnes Objekt erkennbar. Folgen wir diesem Gedanken bei der Befragung der Karten: Je präziser Sie die Frage stellen (kleiner Bildausschnitt / Muschel), desto deutlicher werden die Antworten.

Das Prinzip der Eingrenzung bezieht sich auf nahezu alle Legesysteme (eine Ausnahme können psychologisch orientierte Legearten sein). Der entscheidende Vorteil: Zielt die Fragestellung auf etwas Konkretes ab, kann man alle anderen Themenfelder aus dem Kartenbild ausblenden. Die Karten werden von selbst nur mehr die Aussagen anbieten, die auf die konkrete Frage bezogen sind. Damit fallen automatisch viele überflüssige Bedeutungsmöglichkeiten der Kombinationen weg, was die Deutung ungemein entschlackt und dadurch vereinfacht.

Ist beispielsweise nur der Beruf gefragt, können Sie alle Kartenbedeutungen ausklammern, die mit Liebe, Partnerschaft und sonstigen nicht themenrelevanten Feldern zu tun haben. Dadurch bleibt nur ein kleiner Kreis an Bedeutungen übrig.

Dank der Eingrenzung können Sie effizient herausfiltern, was die Kombinationen hinsichtlich Ihrer Frage bedeuten. Damit umgehen Sie den undurchdringbaren Dschungel an Bedeutungsmöglichkeiten und gewinnen eine schnelle und eindeutige Sicht auf die Dinge. Ihnen steht es jederzeit offen, für weitere Themen neue Kartenbilder zu legen. Solange Ihnen die Fragen nicht ausgehen (und es nicht immer dieselben sind!), gehen Ihnen auch die Möglichkeiten an Legungen nicht aus.

– KAPITEL 12 –

Alles fauler Zauber?

Haben Sie schon einmal die Erfahrung gemacht, dass ein Kartenleger mit seinen Weissagungen gänzlich daneben lag? Wenn ja, sind Sie in guter Gesellschaft, denn diese Erfahrung bleibt kaum jemandem erspart, der diverse Kartenleger konsultiert. Egal, ob die Person mit Lenormandkarten oder anderen Wahrsagekarten arbeitet, die Wahrscheinlichkeit eines Irrtums ist gleich hoch.

Wenn die Aussagen falsch waren bzw. die Prognosen nicht eintrafen, lagen in den allermeisten Fällen nicht die Karten falsch, sondern die Person, die sie las. Die folgenden vier Gründe erklären, wie es zu Falschaussagen in der kartengestützten Beratung kommen kann.

Grund 1: Absichtliche Täuschung

Warum ein Berater mit Absicht beschönigt oder unwahre oder lebensferne Prognosen abgibt, hat verschiedene Gründe. Wenn es dazu kommt, interessiert der Grund allerdings kaum jemanden. Der Berater ist schuld, weil er inkompetent ist – so lautet das Urteil. Doch ist dem tatsächlich so oder steckt vielleicht noch eine andere treibende Kraft dahinter?

Auf dem riesigen, kaum mehr überschaubaren Esoterikmarkt, den ich allgemein kritisch beobachte, gibt es viele schwarze Schafe. In vielerlei Hinsicht wird mit dem Glauben der Menschen ein mieses Geschäft betrieben. Aber das ist nicht nur in der Esoterik der Fall, sondern nahezu auf allen Gebieten. Jedoch möchte ich an dieser Stelle eine Lanze für Kartenleger brechen: Trotz schwarzer Schafe und fragwürdiger Praktiken gibt es auf Lebensberater-Lines und an vielen anderen Stellen zahlreiche – menschlich wie fachlich – kompetente Berater. Ich habe schon mehrere aus- oder weitergebildet, die heute auf diese Weise erfolgreich beratend tätig sind, weil sie ihren Job als verantwortungsbewusste Kartendeuter ernst nehmen.

Dennoch ist die Wahrscheinlichkeit verhältnismäßig groß, als Ratsuchender beim Kartenlegen früher oder später einen echten Reinfall zu erleben. Enttäuschungen gibt es nicht nur, wenn man auf Beratungshotlines anruft. Auch bei anderen Angeboten zu Kartenberatungen kann man hereinfallen. Etliche Betroffene nutzen heute die Möglichkeit, Ihrer Enttäuschung im Netz Luft zu machen. Mit starkem Echo wird in der Öffentlichkeit die Aufmerksamkeit aber stets nur auf das gerichtet, was schlecht gelaufen ist und Imageverlust provoziert. Da die Kartenlegezunft noch nie einen guten Ruf hatte, leidet sie unter der Negativpresse umso mehr. Die Beratungsfälle, wo es für den Klienten zufriedenstellend verlief, finden selten Erwähnung. Eine hohe Anzahl von Klienten macht gute Erfahrungen. Herausgepickt werden immer nur die Negativbeispiele. Durch das Vorführen dramatischer Fallbeispiele und bedauernswerter Einzelschicksale wird einer ganzen Branche Scharlatanerie und Abzocke unterstellt.

Im Folgenden möchte ich speziell auf die Situation auf Beratungshotlines eingehen. Zum einen, weil dort viele als Lebensberater tätig sind, zum anderen, weil auf diesen Lines andere Bedingungen für das Gespräch vorherrschen als im Rahmen einer unabhängigen Beratung.

Ich selbst habe von 2003 bis 2012 auf einer der bekanntesten Plattformen gearbeitet und somit ausreichend Einblicke in die Branche bekommen. Es mag Lines geben, die ihren Beratern gezielt Vorgaben machen, wie Sie den Ratsuchenden mit verheißungsvollen Aussagen ein besseres Gefühl geben. Jedoch ist das nicht die Regel, sondern eher die Ausnahme. Es gibt kein verallgemeinertes »Regelwerk«. Jede Beraterplattform handelt eigenständig. Wenn es also dazu kommt, dass Ratsuchende gänzlich unpassende Aussagen und verfehlte Prognosen erhalten, liegt es aller Wahrscheinlichkeit nach an dem Berater selbst, der den Anrufer absichtlich in ein Wunderland lockt. Dazu wird in die psychologische Trickkiste gegriffen, um einen verführerischen Traum hervorzuzaubern, der mit der Realität und vor allem mit der Zukunft des Ratsuchenden wenig gemein hat – und genauso wenig mit seriöser Lebensberatung.

Die Gründe dafür liegen auf der Hand. Manche Berater setzen sich enorm unter Druck, wollen mit der allgegenwärtigen Konkurrenz mithalten, den Anrufer an sich binden, mehr Geld verdienen oder die Menschen nach dem Gespräch glücklich und erleichtert entlassen. Dafür wird von manch einem wortwörtlich um jeden Preis die Botschaft frisiert und schöngefärbt. Das kann bei allen kleinen wie großen Lines vorkommen, bei teuren wie günstigen Beratern, bei alten Hasen genauso wie beim Beraternachwuchs und natürlich auch bei denen, die sich durch so und so viele Sterne, gute Bewertungen und sonstige Positivmerkmale auszeichnen. Es ist für Ratsuchende kaum erkennbar, wer nur marktschreit und wer wirklich ein fähiger Ratgeber ist. Hier kann man sich nur auf die eigene Kenntnis, eine Empfehlung oder das Bauchgefühl verlassen.

Doch bei Weitem nicht in allen Fällen sind Fehlprognosen allein das Verschulden des Beratenden. So ungeheuerlich es klingen mag, nicht wenige Anrufer verlangen nach einer Illusion. Es gibt Menschen, die in schwierigen Lebenssituationen nur das Gute hören wollen, weil das Schlechte in ihrem Alltag überhandgenommen hat. Sie wünschen sich jemanden, der ihnen ein Stück Hoffnung schenkt, sie in einem schönen Traum wiegt. Da kommt eine vermeintliche Wunschfee gerade recht. Manche nutzen die Gunst der Fee in solch übertriebenem Maße, dass sie völlig die Kontrolle über ihr Leben verlieren und auf der Suche nach Luftschlössern in eine Sucht steuern. Aus meiner Sicht ist an dieser Stelle von einem krankhaften Verhalten zu sprechen, das keiner Lebensberatung, sondern einer Therapie bedarf.

Für Berater ist der Umgang mit solchen Menschen äußerst heikel. Die Hilfesuchenden (in dem Fall ist der Begriff »Ratsuchende« nämlich nicht mehr adäquat) legen oft ein sehr auffälliges und schwer umgängliches Verhalten an den Tag. Sie legen zum Beispiel den Hörer auf oder werden ungehalten, wenn der Berater ihnen nicht das mitteilt, was sie ersehnen. Andere legen dem Berater direkt die gewünschten Worte in den Mund oder verdrehen dessen Aussagen so lange, bis die Illusion für sie perfekt ist.

Damit gerät der Berater aus Furcht vor Rache durch katastrophale Bewertungen in eine Zwangslage und gibt den Erwartungen nach, obgleich er weiß, dass er in diesem Fall nicht ehrlich handelt. Der Anrufer selbst erkennt aber womöglich gar nicht, dass er dem Berater nicht die Chance gegeben hat, bei der Wahrheit zu bleiben und schiebt ihm den »schwarzen Peter« zu, wenn die Aussagen nicht wie gewünscht (und gefordert) eingetroffen sind. Das rechte Maß wird also mal auf der einen, mal auf der anderen Seite überzogen.

Nicht nur auf Berater-Lines, sondern überall, wo Rat durch Kartenlegen gesucht wird, kann es zur bewussten Irreführung kommen. Manchmal ist es vielleicht sogar die beste Freundin oder Tante, die für einen die Karten legt, es aber zu gut meint und einem nicht die bittere Wahrheit sagen möchte. Keinesfalls steckt dahinter eine gemeine Absicht, sondern oft nur ein ausgeprägtes Mitgefühl oder eine übertriebene Rücksichtnahme auf die Verfassung des Ratsuchenden. Manche Beratende wollen ihrem Gegenüber in dem Moment weiteren Kummer ersparen, einfach nur trösten oder aufheitern.

Es müssen also immer beide Seiten gesehen werden, bevor man anfängt, ein Pauschalurteil zu fällen. Dennoch ist das, was gut gemeint ist, nicht immer gut gemacht. Die Wahrheit kommt ohnehin eines Tages ans Licht – eben wenn die Realität sich anders entpuppt als Verheißungen aus den Karten es ausgemalt haben. Doch nur die Wahrheit hilft weiter, auch wenn sie manchmal richtig wehtut. Luftschlösser fliegen am Ende immer auf. Sie lassen nicht nur den vorab erteilten Vertrauensbonus in den Berater schwinden, sondern stellen zu Recht den Glauben an die Echtheit von Zukunftsvorhersagen in Frage. Allerdings sprechen die Karten – wie eingangs schon erwähnt – in dem Fall keine falsche Sprache, sondern derjenige, der sie als Mittel zum Zweck benutzt.

Grund 2: Irreführende Formulierungen

Die Aussagen bzw. Prognosen wurden nicht absichtlich verfälscht, sondern beruhen auf falschen oder missverständlichen Formulierungen. Wie im Kapitel 9 ›Gefährliches Halbwissen‹ erwähnt, gibt es keine berufliche Tätigkeit, bei der Menschen nicht Fehler unterlaufen. Niemand macht seine ganze Arbeit schlecht, weil etwas schiefgeht. Erst recht nicht, wenn es sich um vertretbare und verzeihbare Fehler handelt, die keine großen Konsequenzen nach sich ziehen. Erst wenn die Fehler so folgenschwer sind, dass sie nicht hätten geschehen dürfen, geht es ernsthaft an die Berufsehre.

So weit kann es beim Kartenlegen in aller Regel nur kommen, wenn man sämtliche Spielregeln außer Acht lässt. Lesen Sie dazu unbedingt das Kapitel 13 ›Grenzgänge‹, das von moralischen und ethischen Grenzen und Verpflichtungen handelt, an die sich Kartenprofis wie Laien gleichermaßen halten sollten.

Äußerst grenzwertig finde ich persönlich die Fälle, wo Menschen prognostiziert wird, dass sie nie mehr einen Partner finden oder bald ein Unglück über sie hereinbricht – als hätte das Schicksal schon längst gerichtet.

Sie werden denken, so verantwortungslos verhält sich keiner. Aber doch, mir wurde zumindest immer wieder davon berichtet. Ich erwähne dies, weil ich der felsenfesten Überzeugung bin, dass man derartige Dinge nicht in den Karten sieht.

Kartengestützte Prognosen, die bis ans Ende aller Tage reichen, sind definitiv nicht möglich und daher unseriös. Jeder kann das für sich anders sehen und so handhaben, wie er es mit seinem Gewissen und seinem Verantwortungsgefühl vereinbaren kann. Jedenfalls möchte ich nicht in der Haut von jemandem stecken, der – bedingt durch solche Aussagen – tiefsitzende Glaubenssätze manifestiert, die ein völlig verzerrtes und zerstörtes Selbstbild hervorrufen, das im schlimmsten Fall nach einem jahrelangen psychischen Martyrium nur durch Therapien aufgelöst werden kann.

Genauso können verlockende Prophezeiungen wie »Der Ex wird alles bereuen und kommt auf jeden Fall *eines Tages* zurück« oder »Ab jetzt steht *nur noch* Glück vor der Tür!« nicht zu unterschätzenden psychischen wie seelischen Schaden anrichten. Der Beratende, der mit diesen Aussagen etwas Gutes im Sinn hat und es womöglich in seinen Karten so sieht, ist sich gar nicht bewusst, welche folgenschwere Kettenreaktion er damit verursacht.

Im Fall der Vorhersage »Der Ex wird alles bereuen und kommt auf jeden Fall *eines Tages* zurück« wird die Ratsuchende womöglich bis zum Sankt-Nimmerleins-Tag warten, bis ihr Ex wiederkommt. Das Problem an der Vorhersage ist, dass die Zeit des Eintreffens unbestimmt bleibt. Wenn die Ratsuchende den Ex noch immer verzweifelt liebt, wird sie unendlich hoffen und leiden. Sie lebt von der Hoffnung, dass sich die Prophezeiung irgendwann erfüllt, auch wenn es Jahre dauern mag. Sie befürchtet, sie könnte durch einen neuen Mann gebunden sein, wenn ihr Ex sie wiederhaben will. Deswegen entschließt sie sich allein zu bleiben, um für den wiederauftauchenden Ex auf jeden Fall frei zu sein. Sie wartet vergeblich auf den Tag der Rückkehr, während ihr Leben und vielleicht sogar eine neue Liebe an ihr vorbeiziehen. Solche Vorhersagen, die zeitlich alles offenlassen, sind gefährlich, weil sie die Ratsuchende an ein ewiges Versprechen binden.

Das Problem der zweiten Vorhersage »Ab jetzt steht *nur noch* Glück vor der Tür!« ist das Inaussichtstellen eines immerwährenden Glückszustandes, der vermutlich auf das Jenseits zutrifft, nicht aber auf das irdische Leben. *Nur noch* bedeutet *ausschließlich*, folglich nichts anderes als Glück, das einem ab sofort unentwegt widerfährt. Zugegeben, wer möchte das nicht gerne hören, wenn er eine lange Zeit vom Pech verfolgt war und sich sehnlichst eine Wendung in seinem Leben wünscht. Doch genauso wie bei der ersten euphemistischen Aussage handelt es sich bei dieser um eine Art Versprechen, das niemals eintritt. Denn wer kann schon von sich behaupten, nur Glück zu haben? Erschwerend kommt hinzu, dass dem Ratsuchenden mit dieser Prophezeiung jegliche Selbstverantwortlichkeit abgesprochen wird. Er braucht nichts mehr selbst in die Hand zu nehmen. Doch, eine Sache: die Türklinke, um das immerwährende Glück hereinzulassen. Wenn es denn jemals den Weg findet ...

Sie mögen denken, dass solche Fälle die Ausnahme sind. Oder Sie haben schon einmal etwas Ähnliches gehört. Auf jeden Fall sind Vorhersagen dieser Art leider gang und gäbe. Selbst wenn sie gut gemeint sind, gehen sie an der Realität vorbei.

Würde man sie etwas präzisieren und mit mehr Bedacht formulieren, wäre die Prognose weitaus realistischer und psychologisch wertvoller. Zum Beispiel im Fall 1: »Der Ex wird alles bereuen. Er kommt binnen dieses Jahres zurück und Sie können wählen, ob Sie ihm nochmal Ihr Herz und Vertrauen schenken.«, oder Fall 2: »Im Bereich des Jobs können Sie in den kommenden drei Monaten mit vielen glücklichen Umständen rechnen!« Erkennen Sie den Unterschied?

Es gibt nichts Schöneres, als ehrliche und erfreuliche Prognosen abzugeben, bei denen man förmlich hört, wie ein Stein vom Herzen plumpst. Dennoch ist das Unterpfand einer Prognose der Faktor Zeit. Eine Prognose erfüllt sich immer nur für eine begrenzte Zeit und niemals für die ewige Dauer. Glück kann man haben, sogar dickes, dolles Lebensglück. Das geben die Karten preis. Doch jeder weiß, dass Glück befristet ist und selbst jedes noch so große Glück auch eine Kehrseite hat.

Das bedeutet keinesfalls, dass man voraussagt, wie lange das Glück hält oder wodurch es wieder gekippt wird. Denn das kann man nicht sehen und selbst wenn, wäre es fatal, mit einer solchen Aussage erst das Glück groß aufzuhängen und dann doch wieder »den Nagel aus der Wand zu ziehen«.

Hüten Sie sich davor, Aussagen zu treffen, die sich auf das ganze Leben beziehen oder viele Jahre vorausgreifen, da sie weder ehrlich noch realistisch sind!

Als Kartendeuter sollte man genau überlegen, was man sagt. Alles, was einmal ausgesprochen wurde, kann eine Langzeitwirkung haben. Sofern eine Vertrauensbasis vorhanden ist, schenkt der Ratsuchende Ihren Mitteilungen Glauben. Aussagen, die Hoffnung oder Angst schüren und damit emotional verknüpft sind, bleiben im Gedächtnis. Mit ihrem Eintreten wird fest gerechnet. Wird Glück und Erfolg im hohen Maße vorhergesagt, entstehen Zweifel, wenn es nicht so kommt. Nicht nur Skepsis gegenüber Ihren Fähigkeiten als Kartendeuter, sondern viel nachhaltiger und folgenschwerer: vor allem Zweifel an sich selbst. Der Ratsuchende fragt sich, ob er etwas falsch gemacht hat oder das Glück nicht verdient haben könnte. Der psychologische Effekt, der eine Negativspirale aus Gedanken und Glaubenssätzen erzeugt, ist nicht zu unterschätzen. Er kann zu massiven Selbstvorwürfen führen, weil man glaubt, unfähig oder unempfänglich für Glück und Erfolg zu sein. Gefühle der Unsicherheit und Unzulänglichkeit sind die Folge.

Ebenso muss man sich als Kartendeuter und erst recht als professioneller Lebensberater darüber im Klaren sein, was und wie man etwas vermittelt. Mit unbedachten oder leichtfertig dahingesagten Aussagen werden falsche Erwartungen geweckt, die seelische Spuren hinterlassen. Wie die Beispielprognosen schon gezeigt haben, kommt es auf die präzise und vor allem passende Formulierung an. Sie entscheidet darüber, was Sie dem Ratsuchenden mit auf den Weg geben und wie er eventuell damit umgeht. Dabei sollten Sie sich nicht nur mit übertrieben vielversprechenden Aussagen zurückhalten, sondern auch darauf achten, die Prognosen mit einem Zeitrahmen zu versehen.

Grund 3: Fehlinterpretation

Die häufigste Ursache für fehlerhafte Aussagen liegt klar auf der Hand: Werden die Karten falsch interpretiert, wird die Prognose nicht stimmen. Kleine Deutungsfehler und Ungereimtheiten sind absolut keine Schande und nichts, wofür sich ein Lebensberater zu schämen bräuchte. Es kann sogar einem Vollblutprofi passieren, dass er ausnahmsweise mal gründlich danebenliegt. Wenn sich jedoch die Fehler häufen und sich im realen Geschehen immer wieder gravierende Abweichungen von den getroffenen Aussagen zeigen, verlangt die Herangehensweise an die Kartendeutung einer intensiven Überarbeitung.

Wie Sie die Fehlerquote drastisch senken und somit unangenehme Irrtümer und peinliche Aussetzer vermeiden, erfahren Sie im Kapitel 3 ›Viele Köche verderben den Brei‹, Kapitel 9 ›Gefährliches Halbwissen‹ und Kapitel 16 ›Fehlinterpretation‹.

Grund 4: Kontraproduktivität

Mag die Prognose auch noch so zuverlässig sein, sie wird nicht eintreffen, wenn der Ratsuchende Möglichkeiten auslässt und Chancen verpasst. Genauso wenig wird sie sich erfüllen, wenn der Ratsuchende manipulativ eingreift. Prognosen bewahrheiten sich nur unter der Prämisse, dass der Ratsuchende produktiv zu ihrer Verwirklichung beiträgt. Er muss dafür keine Gebete oder Affirmationen sprechen oder gar irgendwelche Rituale ausüben. Nein, er soll einfach nur sein Leben *aktiv* leben, so als wüsste er von etwaigen

Vorhersagen nichts. Das bedeutet, sich nicht zurückzulehnen und nur darauf zu warten, dass alles von allein geschieht. In den meisten Fällen ist schon die eigene Initiative gefragt. Wer zur Verbesserung in seinem Job keinen Beitrag leistet, wird wohl nicht die gewünschten Ergebnisse erzielen. Wer Angebote oder offene Türen übersieht, verfehlt den Weg zum Ziel.

Trotz aller Bemühungen sollte der Ratsuchende gelassen bleiben und sich nicht zu weit aus dem Fenster lehnen, um seinem Erfolg oder Glück auf die Sprünge zu helfen. Sobald jemand versucht, mit aller Gewalt das Eintreffen der Prognose zu bewirken, wird er vermutlich erkennen müssen, dass der Schuss nach hinten losgehen wird. Die himmlische Führung und Fügung werden angezweifelt oder gar untersagt, wenn der Ratsuchende durch überambitioniertes Verhalten versucht, die Vorgänge zu forcieren oder zu beschleunigen. Prognosen hinterherzulaufen, um sie damit unter die eigene Kontrolle zu bringen, ist eine äußerst kontraproduktive Herangehensweise.

Auf so ein Verhalten kann der Kartendeuter kaum Einfluss nehmen, da die Handlungsart allein dem Willen und Wollen des Ratsuchenden obliegt. Wird diese in der einen wie in der anderen Richtung zu extrem, ist ein Ausbleiben des Prophezeiten recht wahrscheinlich. Die goldene Mitte zwischen konstruktivem, eigenverantwortlichem Handeln sowie einem unaufgeregten, vertrauensvollen »Laufenlassen« (mit dem *Flow* gehen) ist wohl die beste Beihilfe zur Erfüllung der Vorhersagen.

– KAPITEL 13 –

Grenzgänge

Dieses Kapitel ist hauptsächlich für Leser bestimmt, die professionell in der Lebensberatung arbeiten! Aber auch für diejenigen, die dies anstreben sowie für diejenigen, die »nur« privat legen, enthält das Kapitel wissenswerte und wichtige Informationen. In vielen Berufen, die sich mit dem Leben von Menschen beschäftigen, gibt es regelmäßig zu absolvierende Sicherheitstrainings, die zur Wahrnehmung und Wahrung der eigenen sozialen Verantwortung und Verpflichtung beitragen sollen. Auch Sie beschäftigen sich durch die Arbeit mit den Karten mit Menschenleben. Wenn Sie es nicht retten können und sollen, so sind Sie doch in zahlreichen Lebenssituationen für Menschen ein Rettungsanker. Daher tragen Sie eine hohe Verantwortung, selbst wenn Sie nur im Freundes- oder Bekanntenkreis beraten.

Qualitätssicherung

Die moralischen und ethischen Rahmenbedingungen sind zwar ein etwas trockenes, aber überaus wichtiges Thema, das jeden von uns angeht, der professionell mit den Karten arbeitet. Es wird fortwährend darüber gesprochen, welche Aussagemöglichkeiten das Lenormand bietet. Aber es findet kaum Aufklärung statt, wo diese Möglichkeiten enden und die Grenzen der Aussagen genau verlaufen. Die »Grenzgebiete« der Lenormandkarten (wie Orakelkarten im Allgemeinen) müssen deutlicher sichtbar gemacht werden, damit wir für unsere beratende Arbeit klare Maßstäbe und Regeln setzen können – nicht nur zum Schutz des Ratsuchenden, sondern auch zu unserem eigenen. Deswegen möchte ich an dieser Stelle bewusst machen, an welchen Punkten die Arbeit mit den Karten nicht mehr zulässig oder vertretbar ist.

Auch wenn Sie der Meinung sind, Sie kennen Ihre oder die allgemeinen Grenzen des Kartenlegens recht genau, sollten Sie sich trotzdem mit diesem Kapitel auseinandersetzen. Eventuell werden Sie danach manche Maßstäbe neu ausloten.

Als ich meine Grenze überschritt

Ziemlich am Anfang meiner Laufbahn passierte es mir, dass ich trotz eines schlechten Bauchgefühls eine klare Beratungsgrenze überschritt. Ich hatte zwar meine Zweifel dem Ratsuchenden gegenüber geäußert, war aber nicht standhaft geblieben. Heute würde ich sagen: Ich war wohl zu naiv und unerfahren, um einschätzen zu können, was die Aufnahme des Falles für unangenehme Folgen haben würde. Ich habe mich auf eine Anfrage zu einem höchstschwierigen juristischen Thema eingelassen, das im Bereich des Kartenlegens und Wahrsagens beim besten Willen nichts zu suchen hat. Es konnte nur schiefgehen. Jedoch war nicht der Klient, sondern ich diejenige, der die Folgen dieser unbedachten und unbedarften Einmischung seelisch eine ganze Weile zu schaffen machte. Dieses Erlebnis hat mich nachhaltig geprägt.

Es war mir eine ungemein große Lehre, mich auf diesen schmalen Grat nie mehr zu begeben, da er einen Menschen in unabsehbare Tiefen und Gewissenskonflikte zu stürzen vermag. Seitdem halte ich mich konsequent an meinen inneren Ehrenkodex und tue gut daran zu wissen, an welchem Punkt die Karten nichts mehr verloren haben.

Nicht nur nach bestem Wissen, sondern auch Gewissen

Sobald man an den Punkt kommt, wo man die Karten zunehmend besser beherrscht, gerät man allzu leicht in eine Obsession, die dazu verleitet, mit ihnen mehr zu experimentieren als konstruktiv ist. Man brennt förmlich darauf, sich mit den Aussagen immer weiter vorzuwagen und alles aus den Karten herauszuholen, was man glaubt, ans Licht bringen zu müssen. Das Ego sitzt immer stärker am Schalthebel und treibt zu weiteren Höhenflügen an. Oft verliert man dabei aus den Augen, was richtig und falsch ist, siehe auch Kapitel 9 ›Gefährliches Halbwissen‹ und Kapitel 12 ›Alles fauler Zauber?‹.

Vor diesem Spiel mit dem Feuer möchte ich ausdrücklich warnen – gleich, ob Sie die Karten nur für sich selbst legen oder für andere!

Sagen Sie »Nein« zu einer Anfrage oder einem Anliegen, wenn Ihnen dabei nicht wohl ist oder Sie nicht sicher sind, ob Sie die Kompetenz dazu haben. Erklären Sie Ihrem Gegenüber, warum Sie die Befragung zu diesem Thema verweigern. Eine vernünftige Begründung stößt in der Regel auf Verständnis. Die Ablehnung eines Falles ist generell völlig legitim und Usus in der Praxis von Medizinern, Pädagogen, Psychologen etc. Lassen Sie sich keinesfalls dazu überreden, entgegen Ihren Prinzipien doch einen Blick in die Karten zu wagen. Fragen Sie im Zweifelsfall einen erfahrenen Kollegen, wie er sich verhalten würde.

Neben den obligatorischen Grenzen gibt es solche, die Sie für sich individuell definieren müssen. Wenn es für Sie nicht vorstellbar ist, gewisse Themen mittels der Karten zu behandeln, lassen Sie es besser bleiben. Denn Sie haben eine Wahl! Vor allem dann, wenn es um Ihre eigenen Wertvorstellungen und Weltbilder geht, die Sie durch bestimmte Fragen und Anliegen in einen inneren Konflikt stürzen würden. Auch wenn Sie merken, dass Sie ein Thema emotional ergreift oder seelisch bewegt, sodass Sie dazu keine Abgrenzung finden würden. Manchmal findet man ein Thema auch bei sich selbst wieder oder ist dahingehend nicht mit sich im Reinen. Auch hier gilt das Gebot des Selbstschutzes. Es ist in solchen Fällen ratsam, auf eine Befragung bzw. Beratung zu verzichten. Dies soll keinesfalls eine Belehrung an Sie sein, sondern ein von Herzen gut gemeinter Appell an Ihr Verantwortungsbewusstsein.

Zur Klärung, an welchen Punkten der Kartenarbeit Sie für sich Grenzen ziehen sollten, finden Sie im Folgenden eine Übersicht:

Unbedingte Grenzen

An diesen Punkten sind Aussagen mithilfe des Lenormand nicht mehr zulässig oder vertretbar:

Lösung von Suchtthemen, Gewalterfahrungen, Traumata und Psychosen

Das betrifft beispielsweise schwere Depression, Psychosen oder starke Phobien – aus diesem Grund werden in meinen Büchern keine gesundheitlichen Bedeutungen der Karten aufgeführt!

Klare Anzeichen: wenn sich die Person nicht mehr selbst helfen kann. Bitte erteilen Sie eine klare Empfehlung, dass die Person sich in die Hände von Fachkräften begeben soll. Erklären Sie auch ausreichend, warum eine Beratung Ihrerseits in diesem Fall keinen Sinn macht.

Prognosen oder Diagnosen zu Krankheiten

Sämtliche Aussagen zum Thema Krankheit haben beim Kartenlegen grundsätzlich nichts verloren. Außer: Sind Sie selbst Arzt oder Heilpraktiker, müssen Sie für sich erwägen, inwieweit Sie sich zu dem Thema im Rahmen Ihrer fachlichen Kompetenz äußern wollen.

Achtung: Erlaubt ist Unterstützung **im Umgang** mit einer Krankheit, zum Beispiel »Was ist die seelische Botschaft meiner

Krankheit?« oder »Was kann ich bei Wechseljahresbeschwerden Gutes für mich tun?«

Juristische Angelegenheiten

Sobald es um Gerichtliches, Straftaten, Härtefälle, Täter-Opfer-Beziehungen etc. geht, ist eine Kartenberatung fehl am Platz. Schon allein aufgrund der Komplexität solcher Fälle können Sie mit den Karten ein Szenario dieser Art kaum ausreichend abdecken.

Aussagen zu Urteilen sind sowieso tabu. Überschreiten Sie in diesem Fall **niemals** Ihre Kompetenz! Dies könnte ansonsten wahrhaftig schwere Folgen haben.

Unausweichliche Schicksalsfügungen

Bereits im Kapitel 12 ›Alles fauler Zauber?‹ wird erläutert, wann Aussagen unprofessionell werden. Aussagen, die Katastrophenszenarien oder Wunscherfüllungen in Aussicht stellen, sind zu unterlassen, auch wenn Sie der Ratsuchende dazu drängt. Manche Klienten rechnen beispielsweise fest mit dem Eintreffen einer alles verändernden schicksalhaften Prognose, weil sie vorher schon von anderen eine fixe Aussage dazu bekommen haben. Sie wünschen sich von Ihnen nichts weiter als eine Bestätigung. Davon sollten Sie unbedingt die Finger lassen. Aussagen zu unausweichlichen Schicksalsfügungen führen Sie und den Beratenden in eine Sackgasse.

Moralische und ethische Diskrepanzen

Treffen zu unterschiedliche Weltbilder und Wertvorstellungen aufeinander, ist eine Beratung zu gewissen Themen nicht produktiv, wenn es zum Beispiel um religiöse Prinzipien zum Thema Ehe und Partnerschaft geht. Ist die Diskrepanz zu groß, kann keine Neutralität gewahrt werden. Seine eigenen Überzeugungen aus der Interpretation der Karten und der dazugehörigen Beratung völlig fernzuhalten, ist zwar ein Gebot, aber in der Praxis nicht immer machbar.

Befangenheit

Fehlt Ihnen die notwendige Objektivität zur betreffenden Person, zum Beispiel wegen eines verwandtschaftlichen Verhältnisses oder zum Thema an sich oder weil Sie selbst einen Verlust nicht verarbeitet haben, sollten Sie eine Grenze wahren. Sie sind nicht dazu verpflichtet, alle Themen aufzugreifen, die an Sie herangetragen werden. Schaffen Sie Verständnis für Ihre Ablehnung, indem Sie erklären, dass Sie das Thema zu betroffen macht. Berater sind auch nur Menschen!

Unethische Fragen

Dazu zählt allen voran die Frage, wann eine Person sterben wird (ja, so etwas wird gefragt, wenn auch zum Glück nur selten). Nicht einmal, wenn der Tod absehbar ist, haben Sie die Befugnis, hierzu eine Prognose abzugeben! Ebenso wenig sollten Sie auf die Frage eingehen, ob man selbst oder jemand anders schwer erkranken könnte. Diese Frage kommt häufiger vor, ist aber keineswegs für ein Orakel geeignet! Lassen Sie sich keinesfalls darauf ein.

Fälle, wo Sie Ihre Schweigepflicht brechen müssten, sind ebenso tabu. Beispielsweise, wenn eine Klientin Sie nach der Beratung an den Partner weiterempfiehlt. Dieser möchte im Einzelgespräch aus Ihnen herausbekommen, was Sie ihr über ihn erzählt haben oder welche partnerschaftlichen Problempunkte seine Freundin angesprochen hat. Diesen Fall habe ich in meiner langjährigen Praxiserfahrung des Öfteren erlebt. Mitunter wurde mir sogar eine hübsche Summe Honorar geboten, wenn ich aus dem Nähkästchen plaudern würde. Ich habe immer dankend abgelehnt und mein Schweigen gewahrt. Für mich selbst habe ich einen Strich gezogen und fortan keine Paare mehr in Konfliktsituationen parallel beraten. Ich kann Ihnen wärmstens empfehlen, nur einen der beiden Partner zu Ihrem Klienten zu machen.

Beratung noch sinnvoll?

In gewissen Fällen ist eine kartengestützte Beratung keineswegs förderlich. Die Person bedarf einer anderen Hilfe. Wenn Sie merken, dass es um Krisenintervention geht, die über die Karten- und Beratungsarbeit keinesfalls gewährleistet sein kann, müssen Sie die Person darauf aufmerksam machen, dass Sie ihr nicht weiterhelfen können. Nennen Sie geeignete Beratungsstellen oder Ansprechpartner, sofern Ihnen hierzu entsprechende Kontakte vorliegen. Sie tun sich und Ihrem Gegenüber einen großen Gefallen, wenn Sie die Grenzen des Machbaren und Lösbaren klar definieren. Erwarten Sie niemals von Ihrem Klienten, dass er diese Grenzen selbst kennt.

Kompetenzüberschreitung

Stellen Sie fest, dass Sie zu einem bestimmten Thema überfragt sind oder nicht über ausreichend Kenntnisse bzw. Erfahrung hinsichtlich der Vorgehens- und Vermittlungsweise verfügen, ist es fahrlässig, eine Beratung mit den Karten durchzuführen. Sie könnten an spezialisierte Kollegen verweisen. Sie müssen nicht gestehen, dass Sie dahingehend nicht ausreichend Erfahrung besitzen, sondern können sagen, dass Sie solche Spezialfälle prinzipiell nicht behandeln.

Bedingte Grenzen

An diesen Punkten müssen Sie für sich selbst abwägen, inwieweit Sie bereit sind, mit dem Lenormand eine Befragung durchzuführen. Maßgebend ist immer, ob Sie in dieser Situation nach bestem Wissen und Gewissen beraten und neutral bleiben können!

Emotional / seelisch belastende Themen

Wenn Sie mit einem Thema nicht klarkommen, weil es Sie innerlich zu heftig anspricht und aufwühlt. Nur wenn Sie Ihre Neutralität wahren können, das heißt sich Ihre eigenen Gefühle nicht einmischen, ist eine Beratung sinnvoll.

Verliebtheit

Besteht zwischen Ihrem Klienten / Ihrer Klientin und Ihnen Zuneigung, ob einseitig oder beidseitig, können Befragungen zum Thema Liebe und Partnerschaft Befangenheit auslösen. Eine neutrale Sicht ist nicht mehr möglich. Verwicklungsgefahr!

Mitleid

Mitfühlen ist in Ordnung, sogar erwünscht, aber Mitleid ist eine denkbar ungünstige Basis für eine Beratung. Es erweckt die Tendenz, für diese Person nur etwas Gutes sehen und sagen zu wollen. Können Sie noch ehrlich beraten oder wollen Sie schon gnädig sein? Als Berater darf und soll man ein guter Mensch sein, aber nicht immer ein Gutmensch.

Chemie stimmt nicht

Nicht mit allen Ratsuchenden stimmt die Chemie. Manchmal gibt es Anlaufschwierigkeiten, woraus sich trotzdem ein angenehmes Verhältnis entwickeln kann. Andere Male überwiegt die Antipathie. Entscheiden Sie für sich, ob Sie das in Ihrer Aufgabe als Lebensberater zu stark beeinflusst oder behindert. Persönlich habe ich Fälle erlebt, wo die Sympathie anfangs nicht gerade groß war, sich aber mit der Zeit immer mehr zum Positiven entwickelte. Jedoch überging ich auch ein paar Mal mein Bauchgefühl, das sich gegen eine Beratung einer bestimmten Person aussprach und ich bereute es später, weil die gute Chemie einfach nicht zustande kam. Wenn es nicht passt, soll es nicht sein.

Fehlender Ausgleich

Wer mit den Karten professionell arbeitet und damit seinen Lebensunterhalt verdient, muss genau abwägen, ob er eine Anfrage für eine kostenlose Session annimmt. Beim Bäcker gibt es die Brötchen auch nicht umsonst! Auch bei Versprechen, dass der Klient später zahlen würde, sollten Sie vorsichtig sein.

Leider gibt es auch Menschen, die schlichtweg immer einen Weg suchen, umsonst beraten zu werden. Damit fehlt die Wertschätzung gegenüber Ihrer Arbeit! Sie sind nur einer von vielen, dem man eine unentgeltliche Leistung entlocken möchte.

Beratungsart oder -ort passt nicht

Jeder bevorzugt eine andere Art oder Räumlichkeit der Beratung. Beraten Sie nur persönlich und nicht am Telefon, sollten Sie überlegen, ob Sie eine Anfrage zur telefonischen Beratung wahrnehmen können und wollen. Haben Sie abends keine Energie mehr für eine Beratung, sollten Sie Termine in diesem Zeitraum vermeiden.

Denken Sie immer daran, in Ihrer Kraft und Mitte zu bleiben und nicht zuwider Ihrem Naturell oder Ihren Gepflogenheiten eine Beratung durchzuführen. Davon hat keiner etwas!

Testfragen

Hin und wieder wollen Skeptiker Ihr Können prüfen und stellen dafür seltsame Fragen. Wenn das Vertrauensverhältnis von vornherein nicht stimmt, sollten Sie von solchen Experimenten Abstand nehmen. In aller Regel handelt es sich dabei um Fragen, die nicht mal Spitzenhellseher aus dem Stegreif beantworten könnten. Die Tester haben meist abwegige Vorstellungen davon, was eine kartengestützte Beratung leisten kann und darf (siehe Kapitel 9 ›Gefährliches Halbwissen‹). Sie glauben, Sie seien nur dann Ihr Geld wert, wenn Sie ein allwissendes Orakel sind. Vorsicht Falle!

Abwesende Personen

Darf eine abwesende Person zum Thema der kartengestützten Beratung gemacht werden? Dies ist ein umstrittener Punkt. Ich bin der Meinung, 90 Prozent aller Beratungen müssten abgelehnt werden, wenn man sich strikt daranhalten würde, keinesfalls über nicht anwesende Personen zu sprechen. Fragen nach dem Arbeitsverhältnis zum Chef, der Kindheitsproblematik mit der Mutter oder der Beziehung zum Partner wären damit ausgeschlossen. Überdies ist es kaum möglich, sich von den betreffenden Personen eine Zustimmung einzuholen. Absolut praxisfern!

Es ist mehr als menschlich und überaus normal, dass man über Personen spricht, die nicht am Gespräch teilnehmen. Das passiert täglich und überall, im Gespräch mit der Freundin, beim Coaching, am Esstisch mit der Familie usw. So geschieht es auch, dass eine abwesende Person zum Gesprächsthema in einer Kartenberatung werden kann. Dies ist im Rahmen von beziehungsbezogenen Themen kaum zu vermeiden. Wir leben nun mal alle in einem sozialen und persönlichen Umfeld. Andere Menschen sind somit ein Teil unseres Lebens und wir ein Teil von ihrem. Demzufolge kommen diese Personen in den für uns relevanten Kartenlegungen vor. Solange sich der Inhalt der Kartenbefragung primär auf einen selbst bezieht und nicht die andere Person zur Hauptfigur der Befragung wird, ist eine Einbeziehung abwesender Personen in die eigenen Themen aus meiner Sicht nicht verwerflich.

Gehen Befragungen zu abwesenden Personen allerdings an eine Grenze, wo nur die Neugier befriedigt werden soll, muss Schluss sein. Eine Frage, wie beispielsweise das Leben des Exfreundes aktuell aussieht, sollte unbeantwortet bleiben, da sie keine Berechtigung hat.

Zu häufige Befragung

Werden Sie von einem Ratsuchenden zu ein und demselben Thema ständig neu befragt oder macht er keinen Schritt mehr ohne Sie, wird es höchste Zeit, ihn darauf aufmerksam zu machen, dass eine Abhängigkeit entsteht. Sie müssen im Einzelfall entscheiden, welche Vorgehensweise die richtige ist und wie viel »Inanspruchnahme« Sie zulassen möchten. Denken Sie unbedingt daran, den Ratsuchenden in seiner Eigenverantwortlichkeit zu stärken. Sie leisten Hilfe zur Selbsthilfe!

– KAPITEL 14 –

Aberglaube

Lenormand versteht sich als Teil einer uralten Wahrsagetradition, deren Spuren bis weit in die Antike zurückreichen. Überall dort, wo Menschen mit Orakeln in Berührung kamen, lag Aberglaube nicht fern. Und umgekehrt dort, wo Völker an die Wirksamkeit übernatürlicher Kräfte glaubten, entwickelten sie Orakel. Über die Jahrtausende wurde alles zu einem dichten, mysteriösen Geflecht aus archetypischen Symbolen, (vor-)christlicher Heiligen- und Reliquienverehrung, Naturphänomenen, Geisterbeschwörung, kultureller Riten und Wahrsagerei verwoben. Die Kunst des Kartenlegens fand in diesen Mysterien seine Wurzeln.

Schon im 13. Jahrhundert wurden die ersten Spielkarten in Umlauf gebracht, deren Verwendung zu »unheiligen« Zwecken von der katholischen Kirche bald verboten wurde. Im ausklingenden Mittelalter tauchte erstmals das Tarot auf, das als Urmutter zahlloser Kartenorakel gilt, die seither entstanden sind. Davon ist das Lenormand eines der jüngeren Generation. Es soll erst im 18. Jahrhundert entwickelt worden sein. Wie es Mme Lenormand zu einer sagenumwobenen Berühmtheit machte und sie sogar die politischen Geschicke eines Weltherrschers beeinflusste, habe ich in meinem Buch

Die fabelhafte Welt des Lenormand bereits erzählt. Darin finden Sie außerdem die symbolischen Verknüpfungen zwischen Lenormand und Tarot.

Brutstätte für Ammenmärchen

Je weiter sich Kartenorakel wie das Lenormand verbreiteten und an Popularität gewannen, desto mehr Mythen rankten sich um seine Bedeutung. Aus heutigem Verständnis kann man etliche dieser Mythen getrost in die Ecke des Aberglaubens schieben, da sie auf nichts weiter als einer antiquierten und paradoxen Vorstellung beruhen. Beispielsweise verbreitete sich diese Mär: Die Karten könnten allein durch ihre bloße Anwesenheit Unheil über die Familie bringen, wenn die Frau ein Kind im Bauch trägt. Die Karten hätten dann in ein weißes Tuch gewickelt aus dem Haus zu verschwinden. Am besten würde man sie im Garten vergraben.

Sie wundern sich, dass es heute noch solche Mythen gibt? Leider nicht zu wenige, da scheinbar viele Menschen – so aberwitzig die Aussagen klingen mögen – nicht ausreichend hinterfragen und solche irrsinnigen Thesen weiterverbreiten. Sobald man Mythen wie diese näher durchleuchtet, gelangt man zu folgenden Schlussfolgerungen: Die Karten müssten ein Bewusstsein haben, um von allein zu merken, dass die Hausherrin schwanger ist. Die Frage ist, warum die Karten ausgerechnet erst mit Eintreten dieses Umstandes Übles im Sinn haben und vorher stillhielten und einen guten Diener gaben. Warum haben sie es erst auf das Pech der Familie abgesehen, wenn Nachwuchs gezeugt wird? Welche subversiven Energien werden anlässlich dessen freigesetzt und woher bekommen die Orakelkarten einen eigenen Willen? Warum kann ausgerechnet ein weißes Tuch die böse Energie daran hindern auszutreten? Besitzt das weiße Tuch aus dem Nichts heraus eine derart magische Kraft, dass es das Schlechte zurückhalten kann? Muss es keiner vorher besprechen oder weihen? Angenommen, die Karten hätten tatsächlich die hohe Kraft und Macht, das Schicksal der Familie aus sich heraus zu lenken, was kann dem Orakel dann die Verbannung anhaben? Verlören die Karten etwa ihre Wirkung, nur weil sie ein paar Meter vom Haus entfernt im Garten vergraben liegen?

Wenn jemand auf all diese bohrenden Fragen eine vernünftige Erklärung hat, her damit! In Märchen gibt es Vorkommnisse, wo Gegenstände ein gewisses Eigenleben besitzen, sich verwandeln, verschwinden oder Schabernack treiben. Aber Märchen sind eben Märchen. Sie bleiben immer ein Mysterium.

Wenden wir uns der Kraft der Orakel zu, die keineswegs so mysteriös ist, wie sie uns manchmal erscheinen mag. Aus meiner Sicht ist es unbestritten, dass Karten über ein Energiefeld verfügen, weil jede Materie aus Schwingungen besteht.

Energie ist das, was die Welt im Inneren und Äußeren zusammenhält. Aber eine künstliche Intelligenz möchte ich den Karten dann doch absprechen! Spaß beiseite – Mythen dieser Art werden von manchen abergläubischen Menschen durchaus ernstgenommen. Bei einer vernünftigen Betrachtung verlieren sie sogleich ihren Schrecken und lassen darüber schmunzeln.

Ich habe wahrlich Hochachtung vor den Schicksalsmächten und ihrer Energetik und bin restlos davon überzeugt, dass sie uns permanent umströmt und durchfließt.

Dennoch schenke ich nicht unbeirrt allem Glauben, was sich nach Magie und Übersinnlichkeit anhört. Begegnet Ihnen ein Mythos über die Karten, prüfen Sie diesen aus rationalen sowie intuitiven Gesichtspunkten. Lassen Sie Ihren gesunden Sachverstand walten und bloß nicht durch solche Geschichten, die vielfach herumgeistern, Angst einjagen oder gar von den Karten abbringen. Es gibt keinen Grund, sich vor dem Lenormand zu fürchten. Aber genügend Gründe, es als machtvolles Orakel zu schätzen.

Gute und schlechte Rituale

Ein bisschen Aberglaube hat jedoch noch keinem geschadet, solange er nicht den Blick auf die Realität trübt. Keinesfalls spricht etwas dagegen, kleine harmlose Rituale im Umgang mit dem Lenormand zu pflegen. Ich verrate Ihnen sogar meins: Wenn ich die Karten nach einem Einsatz wieder verwahre, achte ich immer darauf, dass die unterste Karte des Stapels eine positive ist. Ich fühle mich nicht wohl dabei, wenn Symbole wie der *Turm* oder die *Mäuse* unten liegen. Natürlich weiß ich, dass es reiner Aberglaube ist, aber ich praktiziere diese Gewohnheit trotzdem mit strenger Gewissenhaftigkeit.

Wenn Sie auch eine solche »spinnerte« Angewohnheit haben, behalten Sie diese getrost bei. Sie sollten dabei wissen: Ein Ritual entfaltet seine Kraft vor allem durch unseren Glauben an dessen Wirkung. Wir können dadurch bewusst einen energetischen Zustand verändern bzw. verbessern. Es wird uns aber nicht gelingen, uns über die Hoheit einer Schicksalsmacht oder energetischen Ordnung zu stellen. Daher wäre es trotz noch so intensiver ritueller Heraufbeschwörung nicht möglich, über die Karten oder andere Orakelwerkzeuge etwas zu veranlassen, was außerhalb unserer Macht steht.

Von Ritualen aller Art ist daher dringend abzuraten, wenn sie Eigenverantwortung nehmen, Einschüchterung provozieren, zu Größenwahn verleiten, Überlegenheit gegenüber der universalen Gesetzmäßigkeit erwecken (zum Beispiel durch sogenannte Karma-Ablösung!) oder dunkle Mächte entfesseln.

– KAPITEL 15 –

Lügendetektor

Lug und Trug – zu kaum einem Thema werden die Karten häufiger befragt. Kaum ein Anliegen ist so polarisierend. Solange die Spielarten der Menschen von unehrlichen und unlauteren Absichten geprägt sind, wird Täuschung und Tarnung in allen Beziehungsformen an der Tagesordnung sein.

Es gibt wohl kaum einen Menschen, der in seinem Leben nicht schon mal hinters Licht geführt wurde oder selbst zu Ausreden und Notlügen gegriffen hat. Diejenigen, die zu einer Lüge greifen, interessiert der Rat der Karten genauso wie diejenigen, die eine Lüge wittern oder entlarven möchten. Der Unterschied liegt darin, dass die einen ihre Lüge weiterhin verschleiert wissen möchten, die anderen dagegen alles daransetzen, endlich die Wahrheit zu erfahren.

Lug und Trug im Kartenbild auf die Spur zu kommen, ist definitiv möglich. Allerdings bedarf es dazu einer ausgeprägten und erfahrenen Spürnase, um nicht auf die falsche Fährte gelockt zu werden. Denn allzu leicht ziehen wir vorschnelle Schlüsse – mit fatalen Folgen.

Wie gehen wir mit dem Thema Lug und Trug als Beratende professionell um?

Den moralischen Zeigefinger zu erheben ist für uns als urteilsfreie Lebensberater auch dann nicht angemessen, wenn wir von einem Ratsuchenden erfahren, dass er lügt oder betrügt. Einzige Ausnahme: Es sind kriminelle Energien oder ethische Grenzüberschreitungen zu bedenken. Wie Sie in solchen Fällen handeln, wird in Kapitel 13 ›Grenzgänge‹ erläutert. Handelt es sich um Situationen, in denen unsere Meinung nicht angebracht und eine Belehrung nicht erforderlich sind, muss der Ratsuchende sein eigenes Gewissen befragen.

Grundsätzlich verpflichten wir uns als Lebensberater zur Objektivität, die dem Klienten eine wertfreie Betrachtung zusichert. Je besser wir den Ratsuchenden kennen bzw. je weiter das Vertrauensverhältnis fortgeschritten ist, umso legitimer ist es, seine persönliche Einstellung zu äußern.

Was sagen die Karten zu einer Beziehungslüge?

Beschäftigen wir uns an dieser Stelle nicht mit den Ausnahmefällen, sondern mit einer der häufigsten und »salonfähigsten« Lügen. Nicht schwer zu erraten geht es um die Liebe, insbesondere um geheime Liebesaffären. Nach meiner Erfahrung behaupte ich, dass die Zahl der fremdgehenden Frauen in den letzten Jahren enorm gestiegen ist. Kein Wunder, dass zum weiteren Verlauf einer solch meist komplizierten und belastenden Liebesangelegenheit der Rat der Karten oft gefragt ist.

Ich möchte Ihnen ein paar Anhaltspunkte geben, die sich in meinen Legungen zu diesem Thema immer bewährt haben. Die meisten Betroffenen interessiert, ob das eigene Geheimnis gewahrt bleibt, solange sie an der Affäre festzuhalten wünschen. Dazu ist der Blick auf die Karte *Buch* unerlässlich.

Anna Klaffinger · *Anna.K Lenormand* · 2017

Aus meiner Erfahrung droht ein Geheimnis nur gelüftet zu werden, wenn das *Buch* vom *Schlüssel* geöffnet wird, heißt, der *Schlüssel* liegt am *Buch* oder das *Buch* liegt im *Haus des Schlüssels* oder umgekehrt. Oder wenn die *Mäuse* am *Buch* fressen bzw. das *Buch* im *Haus der Mäuse* oder die *Mäuse* im *Haus des Buches* liegen. Karten wie der *Baum* oder das *Kreuz* im engen Kontext mit dem *Buch* versiegeln das Geheimnis und machen es einstweilen sicher. Nach meiner Erfahrung beenden *Turm* oder *Sarg* das Geheimnis nicht. Ihre Erfahrung kann eine andere sein. Jedoch kann ich hier nur aus meinem persönlichem Wissensfundus berichten. Auch dann, wenn Sie wissen möchten, ob ein Partner bzw. Geliebter sein Geheimnis lüftet, gelten diese »Regeln« für das *Buch*. Selbstverständlich gibt es etliche Deutungsaspekte mehr zu berücksichtigen, die ganze Seiten füllen würden. Auf meinem Blog habe ich dazu schon mehrere Beiträge verfasst.

Ist die Ratsuchende der Geheimhaltung überdrüssig, dreht sich die Frage meist darum, ob ein Ende des Zustandes abzusehen ist. Schließlich fühlt sich keiner damit wohl, über längere Zeit etwas zu verbergen. Mehrgleisig zu fahren ist in aller Regel keine adäquate oder zufriedenstellende Lösung. Eine Lüge könnte dadurch ein Ende nehmen, dass die Ratsuchende ihre Beziehungssituation selbst ändert. Damit überlässt sie die Lösung nicht anderen oder wartet gar auf den Eingriff des Schicksals, sondern sie geht in die Eigenverantwortung.

Zuerst gilt es herauszufinden, welche der beiden Verbindungen – die bestehende Partnerschaft und die geheime Affäre – mehr Perspektive bzw. Potential hat. Manchmal kann es sogar von Nöten sein, sich von allem zu lösen und neu anzufangen. Achten Sie unbedingt darauf, für beide Partner, zum Beispiel den Ehemann und den Geliebten, jeweils eine eigene Große Tafel auszulegen. Das ist entscheidend, um die möglichen Entwicklungen getrennt voneinander auszuloten. Jedoch können Sie sich vorab beide in *einem* Bild ansehen, um sich einen Überblick über die »Mächteverteilung« zu verschaffen (beispielsweise mit der Fragestellung »Wie geht es in meinem Beziehungsleben im nächsten halben Jahr weiter?«). Das heißt um festzustellen, wer von beiden das Kartenbild stärker dominiert, also die auffälligeren und intensiveren Verbindungen zu den wichtigsten Themenkarten und zur eigenen Hauptperson eingeht und vor allem von Karten wie *Herz* und *Ring* stärker Besitz ergreift.

Dazu vergeben Sie die Rollen an *Herr* oder *Bär*, für männliche Ratsuchende an das Pendant *Dame* oder *Schlange* (oder bei Einbindung von Zusatzkarten, wie beispielsweise den *Epic Light Lenormand*

Zusatzkarten, an den zweiten *Herrn* oder die zweite *Dame* anstelle von *Bär* und *Schlange*). Die Zuordnung muss klar erfolgen. Das heißt, Sie müssen noch **vor dem Mischen und Auslegen** den Personenkarten den jeweiligen Namen zuweisen um sicherzugehen, dass später keine Verwechslungen auftreten (zum Thema *Personenzuordnung* in der Großen Tafel gibt es ein ausführliches Kapitel in meinem Buch *Der Lenormandkarten-Lehrgang, Aufbaukurs – Die Große Tafel*). Einerlei ist es jedoch, ob in der Gesamtansicht der Partner dem *Herrn* oder dem *Bären* zugeordnet wird. Entgegen manchen Behauptungen spielt es für die Karten selbst überhaupt keine Rolle, welche Namen ihnen zugeteilt werden! Viel wichtiger ist, dass eine klare Zuordnung im Vorfeld getroffen wird. Sobald Sie eine neue Tafel auslegen, kann die Rollenverteilung wieder anders aussehen, je nachdem wie Ihre Zuordnung erfolgt. Am einfachsten ist es, wenn Sie immer die jeweilige Person, die im Fokus der Frage stehen soll (zum Beispiel »Wie geht die Beziehung mit meiner Affäre Jörg im nächsten halben Jahr weiter?«), der männlichen Hauptperson zuzuweisen.

Die einzelnen Kartenbilder, die einen exklusiven Blick in die Beziehung zu der jeweiligen Einzelperson gewähren, zeigen, was sich innerhalb eines bestimmten Zeitrahmens daraus entwickeln **kann** bzw. wo Auflösungstendenzen absehbar sind. Die Themenkarten, allen voran *Ring* und *Herz*, beziehen sich jetzt ausschließlich auf die befragte Person bzw. Verbindung. Sie sagen nichts darüber aus, wie es mit anderen unbefragten oder unbekannten Personen bzw. Partnern weitergehen könnte. Dieser Aspekt ist enorm wichtig!

Halten Sie sich immer vor Augen, dass das Kartenbild nur die befragte Situation oder Person(en) widerspiegelt und nichts anderes!

Vergleichen Sie alle drei Blätter – die Übersicht und die jeweiligen Einzelansichten –, lassen sich klare Schlüsse ziehen, welche Liebe und Beziehung mehr Chancen hat. Achten Sie darauf, die Zeiträume für alle Kartenbilder gleich lang zu halten.

Können die Karten eine Lüge aufdecken?

Etwas heikler wird es, wenn man der Frage auf den Grund geht, ob man belogen oder betrogen wird. In den meisten Fällen gibt es zwar einen Verdacht, aber hätte der Klient an dieser Stelle schon Gewissheit, würde er kaum deswegen zu Ihnen kommen.

In einem solchen Fall ist nicht nur äußerstes Fingerspitzengefühl und Empathie gefordert, sondern vor allem Erfahrung damit, die Karten wahrheitsgemäß einzuschätzen. Denn eines ist sicher: Das Lenormand ist – korrekt angewendet – ein echter Lügendetektor! Es ist in der Lage, Lug und Trug bis zu einem gewissen Grad schonungslos aufzudecken. Nicht nur, wenn es dahingehend schon eine Erwartung gibt. Sondern vor allem, wenn der Ratsuchende selbst völlig ahnungslos ist. Diese Beratungsfälle sind äußerst heikel, da man unter Umständen als Berater eine Botschaft nahebringen muss, die alles sicher Geglaubte zum Einsturz bringt.

Ich hatte in den letzten 15 Jahren nur wenige solcher Fälle. Einmal ging es darum, dass die Ehefrau nichts davon ahnte, dass der Ehemann ein Verhältnis pflegte. Wer so etwas zum ersten Mal hört, fällt aus allen Wolken. Es ist nicht meine Art, jemanden vor den Kopf zu stoßen. Viel mehr bevorzuge ich eine diplomatische Herangehensweise und erkläre, dass es nur Karten sind, die eine solche

Hintergehung anheimstellen. Die Wahrheit müssen sie selbst herausfinden. Nichtsdestotrotz äußere ich einen solchen massiven Verdacht nur, wenn ich mir angesichts des Kartenbildes absolut sicher bin. Alle Anzeichen, die dafür vorhanden sein müssen, habe ich auf meinem Blog und meinem YouTube Kanal eingehend erörtert. Im Wesentlichen spielen in allen Betrugsszenarien der *Fuchs*, der *Hund* und das bereits erwähnte *Buch* eine Rolle.

Kathleen Bergmann · *Zenseiki Lenormand* · 2022

Der *Hund* zählt für mich als Themenkarte für *Treue* am meisten. Er muss deutlich »angegriffen« werden und das von mehreren Seiten. In aller erster Linie vom *Fuchs*, der auf den *Hund* blickt oder im *Haus des Hundes* liegt, bzw. der *Hund* im *Haus des Fuchses*. Lassen sich dazu die *Wolken* dicht daran nieder, kann von Untreue ausgegangen werden. Ebenso auffällig ist der *Fuchs*, wenn er in die entsprechende Stellvertreterkarte für den Partner / die Partnerin blickt. Zudem ist es von großer Bedeutung, inwieweit die andere Person im Kartenbild involviert ist und deutliche Verbindungen zur Karte des eigenen Partners bzw. der Partnerin erkennen lässt.

Je enger hier die Nahtstellen sind und je auffälliger diese Person in den Vordergrund tritt, umso eher ist eine engere Verbindung anzunehmen. Auch hierfür gibt es wieder unzählige Variationen an möglichen Verbindungslinien. Wichtig: Es gibt definitiv nicht die *eine* Kombination oder die *eine* Darstellung in den Karten, die alles offenlegt. Es ist **immer** die Summe der einzelnen Aspekte, die sich aus den klassischen Lügendetektoren – *Fuchs, Buch, Hund, Wolken* – und dem Zusammenspiel der Personenkarten ergibt!

Möchten Sie wissen, wie der Beratungsfall damals ausging? Es dauerte nicht lange und die Karten wurden bestätigt. Es handelte sich sogar um eine Freundin der Ratsuchenden, die mit dem Ehemann durchbrannte.

Heute ist die betrogene Ehefrau glücklich geschieden und sogar dankbar für das, was geschehen ist. Denn ihr Leben hat sich seitdem wesentlich zum Positiven verändert. Noch heute habe ich Kontakt zu ihr und bewundere ihre großartige Entwicklung.

Wie sicher kann ich sein, dass die Karten dazu die Wahrheit sagen?

Generell gilt für den Betrugsfall folgende goldene Regel: Besteht der Verdacht eines Betruges, muss er sich anhand von mehreren stichhaltigen Kombinationen im Kartenbild erhärten. Es ist keinesfalls ausreichend, von einer Täuschung auszugehen, solange nur der *Fuchs* in *Lilien* oder *Brief* blickt.

Ich kann es nicht oft genug betonen: Die Hinweise müssen sich im Kartenbild regelrecht verdichten und verketten. Je mehr, desto eindeutiger. Dann kann man wahrhaftig davon ausgehen, dass ein Betrug oder eine Lüge in nicht unerheblichem Maße vorliegt.

Das bedeutet für Sie als Kartenleger Detektivarbeit. Denn solche Kartenblätter verlangen nach einer intensiven und ernsthaften Recherche, bevor eine Aussage dieser Art getroffen wird. Die Auswirkungen können vor allem für den Ratsuchenden folgenreich sein, wenn man sich zu einem solch sensiblen Thema zu weit aus dem Fenster lehnt.

Ich sichere Legungen, die einen Fall von Betrug oder schwerer Lüge diagnostizieren lassen, immer durch weitere Legungen ab. Damit beleuchte ich das Thema von allen Seiten, damit nichts ungesehen bleibt.

Als Astrologin sehe ich mir zusätzlich die individuellen Planetenkonstellationen der betroffenen Personen an, um dort weitere Anhaltspunkte zu finden. Haben Sie die Möglichkeit, auf alternative Techniken zur Klärung des Falles zurückzugreifen, sollten Sie unbedingt davon Gebrauch machen.

Wenn Sie sich absolut sicher sind, halten Sie sich mit Ihren Informationen nicht aus falscher Rücksichtnahme zurück. Kein Ratsuchender hat etwas davon, wenn Sie ihm brisante Informationen vorenthalten. Es ist immer eine Frage des Taktgefühls, wie Sie das Thema vermitteln. Befürchten Sie, für Ihr Gegenüber geht eine Welt unter, wenn Sie Tacheles reden, formulieren Sie Ihre Gedanken besser als *Vermutung* oder *Einschätzung* und nicht zwingend als handfeste Tatsache. Hauptsache, Sie sprechen es an.

In den meisten Fällen sind die Ratsuchenden aber schon informiert und suchen bei Ihnen eine Bestätigung. Auch dann ist die gleiche akribische Aufdeckungsarbeit erforderlich, als wenn noch kein Verdacht von Seiten des Klienten besteht. Allzu leicht neigt man dazu, an dieser Stelle schon die kleinsten Anzeichen im Kartenbild als Indiz für einen Betrug auszulegen. Nichts wäre desaströser, als wenn der Ratsuchende sich bestärkt durch Ihre Aussage auf den Weg macht, seinen Partner zu diskreditieren und am Ende stellt sich alles als falscher Verdacht und damit als ungerechtfertigte Beschuldigung heraus.

Einer Sache sollten Sie sich aber gewiss sein: Die Karten lügen zum Thema Lügen nicht, wenn Sie direkt dazu befragt werden, zum Beispiel »Wie sieht es mit der Treue meines Partners aus?« Es ist nur ausschlaggebend, die Tragweite der Lüge bzw. des Betruges wahrheitsgemäß einzustufen und sich mehrfach zu vergewissern.

Übrigens sind die *Epic Light Lenormand Zusatzkarten* hilfreich, um Betrug noch besser auf die Schliche zu kommen. Sie enthalten Symbole wie *Maske, Gift* und *Labyrinth*, die verstärkt Tarnung und Täuschung aufdecken können, wenn sie mit den klassischen Indikatoren wie *Fuchs, Wolken* oder *Buch* in Berührung kommen.

Wo sind im Lenormand die Grenzen des Lügendetektors?

Kein Verlass ist auf den Lügendetektor, wenn wir uns selbst etwas einbilden. Das bedeutet, wir befragen die Karten zu einem **vergangenen** Ereignis, von dem wir ausgehen, es hat gemäß unserer Vorstellung genauso stattgefunden. Angenommen, Sie vermuten, im Büro wurde in der Kaffeepause über Sie getratscht. Sie sind überzeugt, dass es so war, weil Sie im Vorbeigehen etwas aufgeschnappt haben von einem »unpassenden roten Rock« und dazu gab es Gelächter. Zufällig trugen Sie an diesem Tag einen roten Rock und schlussfolgern, es kann sich in der Talkrunde nur um Sie gehandelt haben. Zumal da eine Kollegin dabei war, mit der Sie ein angespanntes Verhältnis haben. In dem Glauben, das Bündnis habe sich gegen Sie gerichtet und Sie zum Lästeropfer erklärt, befragen Sie die Karten zu dem Vorfall. Zum Beispiel möchten Sie folgendes wissen: *»Was habe ich falsch gemacht?«*, *»Was hat der Vorfall für Folgen?«* oder *»Wie soll ich mich verhalten?«*

Wie werden die Karten auf diese Fragen reagieren? Sie werden mit recht großer Wahrscheinlichkeit darauf eine Antwort liefern, ohne den geringsten Zweifel an der Echtheit der Geschichte zu erheben. Die Lenormandkarten senden Ihnen nämlich kein Zeichen, dass Sie mit Ihrer These falsch liegen! Sie werden Sie nicht darüber aufklären, dass in Wirklichkeit eine Kollegin von einem peinlichen Erlebnis aus ihrer Jugend berichtete, in dem ein unpassender roter Rock eine Rolle spielte. Was könnten die Karten auch anderes tun? Sie haben sie nur zu Ihrem persönlichen Eindruck und Empfinden befragt und genau darauf antworten sie, egal ob Ihre Wahrnehmung auf realen Begebenheiten beruht oder nicht.

Die Karten nehmen das auf, was Sie ihnen bewusst oder unbewusst übergeben haben. Sie trennen dabei nicht zwischen Realität und Fiktion. In Ihrem Kopf hat sich das Ereignis so zugetragen, wie Sie es jetzt wahrnehmen. Das ist in diesem Moment Ihre Realität! Aus der Gehirnforschung ist bekannt, dass unser Gehirn nicht unterscheiden kann, ob etwas in echt geschah oder sich nur in unserer Fantasie abgespielt hat. Es erzeugt dieselben Reaktionen und somit dieselben Gefühle. Wenn Sie einen Kinofilm ansehen, in dem jemand etwas Trauriges erlebt und Sie versetzen sich in seine Lage, werden Sie unweigerlich zu weinen anfangen und die Gefühle der Figur mitempfinden. Ihr Gehirn weiß nicht, dass die Geschichte nur erfunden ist und die Gefühle nur gespielt! Es nimmt sie als real an und löst dieselben Reaktionen aus, als wenn die Geschichte so passiert wäre.

Die DNA der Karten funktioniert in ähnlicher Weise. Sie spiegelt das wider, was wir aufgrund unserer persönlichen Wahrnehmung als real annehmen. Achtung! Lesen Sie sich nochmal die Fragen von weiter oben durch, die an die Karten gerichtet wurden. Alle drei Fragen sind ichbezogen, folglich auf Ihre subjektive Wahrnehmung ausgerichtet. Ihre Wahrnehmung wird damit zum Bezugspunkt für die Karten und damit auch Ihre Einbildung! Die Geschichte, auf die sich Ihre Fragen beziehen, wird zum Gegenstand der Karten. Keine der hier gestellten Fragen hinterfragt das Geschehene. Es wird als Tatsache vorausgesetzt.

Anders würden die Karten reagieren, wenn Sie sie direkt darauf ansprächen, ob Sie mit Ihren Vermutungen richtig lägen, zum Beispiel mittels dieser Fragestellung: *»Inwieweit stimmt meine Vermutung, dass in der Runde über mich gelästert wurde?«*

Würden Sie daraufhin Karten wie *Hund, Baum und Kreuz* ziehen, wäre Ihr Verdacht bestätigt.

Kathleen Bergmann · *Epic Light Lenormand* · 2019

Käme als Antwort beispielsweise *Schlüssel, Brief und Fuchs* (auf den *Brief* schauend) heraus, sollten Sie Ihre Version der Geschichte nochmal überdenken.

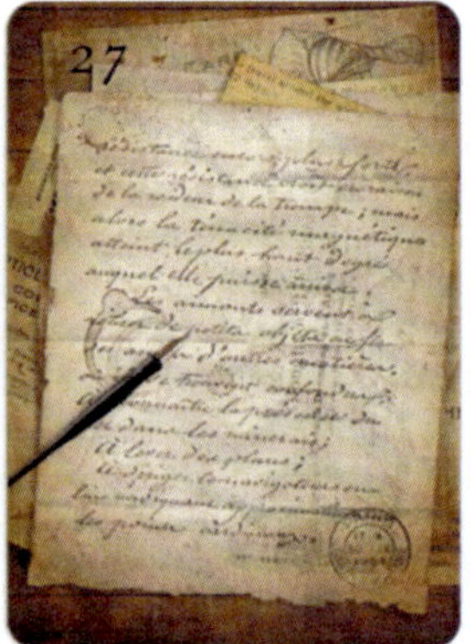

Kathleen Bergmann · *Epic Light Lenormand* · 2019

Zudem ist es möglich, dass Sie in Erfahrung bringen, wie vertrauenswürdig, loyal, ehrlich etc. jemand ist bzw. wie eine Person zu Ihnen steht. Dafür eignet sich zum Beispiel folgende Fragestellung: »*Wie ehrlich verhält sich Person X mir gegenüber?*« Wie eingangs erklärt, sind die Karten hierzu verlässliche Ratgeber. Ein Orakel prüft nicht auf Wahrheitsgehalt, solange man es nicht ausdrücklich darum bittet! Dann aber ist es gnadenlos ehrlich.

Primär gilt es, mit oder ohne Orakelkarten auf verschiedenen Wegen abzuklären, ob an dem Verdacht überhaupt etwas dran ist. Das Gleiche gilt für Geschichten, die von außen an Sie herangetragen werden. Einbildungen, Vermutungen oder Gerüchte sind folglich eine denkbar ungünstige Ausgangssituation für die Befragung der Karten. Nur wenn man sichergehen kann, dass ein Ereignis auf wahren Tatsachen beruht, ist eine eingehende Kartenlegung sinnvoll. Die oben genannten Fragestellungen wären unter dieser Voraussetzung passend gewählt und für die Suche nach Antworten zielführend.

– KAPITEL 16 –

Fehlinterpretation

Irren ist menschlich. Beim Kartendeuten müssen wir mit Fehlerquoten rechnen, selbst wenn wir Deutungserfahrung haben. Unfehlbarkeit dürfen wir weder bei uns selbst noch bei anderen erwarten. Jeder, der mit den Karten arbeitet, kann mal danebenliegen, auch wenn er sich um eine wahrheitsgemäße und realitätsgetreue Deutung bemüht hat. Dennoch ist nichts unangenehmer, als darauf angesprochen zu werden, dass man mit einer Kartendeutung nicht richtig lag. Solange es nicht wiederholt zu fehlerhaften Vorhersagen kommt, braucht man nicht an der eigenen Kompetenz zweifeln. Keiner ist perfekt. Trotzdem sollten Fehler nicht damit abgetan werden, dass man einen schlechten Tag erwischt oder der Klient bohrende Fragen gestellt hat. Vielmehr sollte man sich dazu Gedanken machen und hinterfragen, wie es zu der Falschaussage kam. Wer beratend tätig ist, muss sich Fehler eingestehen können. Es ist ein Zeichen von Größe und Reife, wenn Sie den Mut dazu haben.

Wie geht man damit am besten um und was lernt man daraus? Wenn man sich geirrt hat, sollte man es zugeben, statt sich rauszureden. So weiß der Ratsuchende zumindest, dass ihm nicht absichtlich eine falsche Version erzählt wurde (siehe Kapitel 12 ›Alles fauler

Zauber?‹). Sie können ihm erklären, dass Sie ihn nach bestem Wissen und Gewissen beraten haben und versuchen herauszufinden, wie es dazu kommen konnte.

Unbedingt gilt es nachzufragen, für welchen Zeitraum die Prognose angesetzt war (an diesem Punkt erweist sich der Faktor Zeit als Orientierungshilfe für die Kartenlegung wieder als äußerst hilfreich). Im besten Fall haben Sie dazu eigene Notizen. Ist dieser Zeitraum noch nicht abgelaufen, sind Änderungen immer noch möglich, sodass sie am Ende der von Ihnen prophezeiten Entwicklung folgen. Ist die zeitliche Gültigkeit der Kartenlegung gerade erst abgelaufen, kann es ebenso zeitnah zu entscheidenden Wendepunkten kommen, die sich mit Ihrer Prognose decken. Denn der vorgegebene Zeitrahmen ist kein Ultimatum, sondern lediglich eine ungefähre Größe, die gewissen Toleranzen unterliegt.

Außerdem sollten Sie sich die ganze Geschichte, die seit der Kartenlegung passiert ist, genau erzählen lassen. Möglicherweise lief ein Teil davon wie von Ihnen beschrieben ab. Damit hätten Sie sich nicht in allem geirrt. Das wäre zumindest eine gewisse Schadensbegrenzung, sodass Sie Ihre Deutung nicht komplett in Frage stellen müssten (siehe Punkt weiter unten).

Klären Sie ab, ob der Ratsuchende eine Warnung Ihrerseits ignoriert hat bzw. einen Rat außer Acht ließ. Zwar ist es weder angemessen noch taktvoll, Ihrem Gegenüber einen Strick daraus zu drehen, aber zumindest eine erlaubte Entschuldigung für das Nichteintreffen der Prognose. Trotzdem dürfen an dieser Stelle keine Schuldzuweisungen erfolgen, denn der Klient handelt immer eigenverantwortlich. Es liegt an ihm, was er aus dem Gesagten macht. Allerdings trifft

Sie auch keine Schuld, wenn er sich über alles hinwegsetzt. Am Ende bleibt es ein zweischneidiges Schwert. Deswegen ist unbedingt anzuraten, nochmals das Gespräch zu suchen, das Geschehene gemeinsam »abzuklopfen« und mit den getroffenen Vorhersagen abzugleichen. Auch dafür sind Notizen zum Beratungsverlauf äußerst hilfreich, siehe Kapitel 4 ›Echte Kopfarbeit, Abschnitt ›Um den Überblick zu bewahren‹.

Wenn Sie alle Zweifel ausräumen konnten, dass eventuell doch zu früh oder fälschlicherweise von einer Fehlinterpretation die Rede war, sind Sie an der Reihe, sich gewisse Fragen zu stellen. Folgender Leitfaden kann dabei helfen, die Fehlerquelle aufzuspüren und zu korrigieren:

Haben Sie sich nur mit einem Teil der Aussage geirrt?

War zum Beispiel die Zeitangabe falsch oder verlief die berufliche Veränderung etwas anders als vorausgesagt? In diesen Fällen müssen Sie nicht Ihr komplettes Deutungssystem in Frage stellen. Sie haben sich in einem speziellen Punkt getäuscht, was in den meisten Fällen leicht erkennbare Gründe hat und damit reparabel ist. Womöglich war die Frage nicht präzise genug formuliert oder Sie haben eine bestimmte Kombination missverstanden. Vielleicht war die Beratungszeit für die Deutung zu kurz oder das gewählte Legesystem ungeeignet. All das kann leicht zu falschen Schlüssen führen.

Interpretationsfehler, die sich nur auf einen Teil der Gesamtaussage beziehen, sind vertretbar sowie verzeihbar. Sie bedürfen kleinerer Kniffe und Korrekturen, um beim nächsten Mal vermieden zu werden. Betrachten Sie diese Art der Fehler als Erfahrungswerte; sie können auch einem Profi passieren. Ihr Gegenüber wird Sie wegen einer fehlerhaften Aussage nicht gleich für einen miserablen Kartenleger halten, solange Sie mit anderen Aussagen richtig lagen. Niemand rechnet damit, dass Sie eine 100-prozentige Trefferquote haben. Die gibt es nämlich unter Garantie nicht.

Haben Sie sich mit der ganzen Aussage geirrt?

In diesem Fall sollten Sie unbedingt intensiv nachforschen, woran es lag. Im Idealfall haben Sie sich das Kartenbild notiert oder abfotografiert. So können Sie hinterher Fehlerquellen zurückverfolgen. In den allermeisten Fällen ist der Grund für eine Fehlinterpretation unzureichendes Knowhow (zum Beispiel, wenn man keinem oder einem lückenhaften Lehrkonzept folgt). In diesem Fall bedarf es größerer Korrekturen, möglicherweise einer kompletten Umstellung der Deutungspraktik. Im Kapitel 9 ›Gefährliches Halbwissen‹ erhalten Sie einen Erste-Hilfe-Plan.

Allerdings gibt es eine weitere Möglichkeit, die zu der falschen Interpretation geführt haben könnte. Sie haben die Aussage der Karten richtig erfasst, aber hielten sie nicht für möglich! Ihnen schien die Botschaft zu abwegig, zu unpassend, zu bestürzend. Sie haben sich nicht getraut auszusprechen, was Sie sehen. Doch genau damit hätten Sie ins Schwarze getroffen, selbst wenn es erst einmal für ungläubiges Staunen gesorgt hätte. Damit werden Sie im Übrigen noch öfter leben müssen. Das nächste Mal sollten Sie nach bestem Wissen und Gewissen mitteilen, was Sie sehen. Lassen Sie sich auch durch irritierende Blicke oder zweifelnde Fragen nicht davon abbringen. Selbstbewusstsein ist eine Säule Ihrer Kompetenz!

Ich hatte einmal einen solchen Fall, wo ich sicher erkennen konnte, dass der Ehemann eine Affäre mit einer Vertrauten der Ratsuchenden hatte, siehe Kapitel 15 ›Lügendetektor‹. Das anzusprechen kostete mich Überwindung. Sofern von Seiten des Ratsuchenden keinerlei Verdacht gehegt wird, braucht es dafür Samthandschuhe. Wie zu erwarten war die Frau alles andere als begeistert und blieb meiner Aussage gegenüber skeptisch.

Solange Sie sich sicher sind, sprechen Sie offen aus, was Sie sehen. An solch wesentlichen Punkten um den heißen Brei zu reden oder gar eine andere Story daraus zu stricken, wird keinem gerecht.

Haben Sie während der Deutung komplett den Faden verloren?

Damit Sie beim nächsten Mal nicht den Deutungsweg aus den Augen verlieren, müssen Sie Ursachenforschung betreiben. Vielleicht sind Sie nicht konsequent genug die einzelnen Deutungsschritte abgegangen oder zu wild durchs Kartenbild gesprungen. Insbesondere kann ein Abdriften vom befragten Thema in ein Labyrinth führen. Sich in Details zu verheddern ist ebenso ein Fallstrick. Wenn die Fragestellung nicht korrekt ist, sind Irrwege vorprogrammiert (siehe Kapitel 11 ›Klare Linie‹, Abschnitt ›Die Frage eingrenzen‹). All dies sind klassische Fehler in der Herangehensweise, die zwangsläufig dazu führen, den roten Faden aus den Augen zu verlieren.

Haben Sie herausgefunden, woran es liegt, sollten Sie Ihre Deutungsweise unbedingt effizienter gestalten, auch wenn dies einen Eingriff in Ihren gewohnten Ablauf erfordert. In der Praxis kann das beispielsweise bedeuten, Deutungstechniken und -wege einzusparen (siehe Kapitel 11 ›Klare Linie‹), weil Sie es sich ansonsten unnötig schwer machen. Oder Legesysteme vorzuziehen, die für bestimmte Fragestellungen besser geeignet sind. Möglicherweise sind Sie mit Ihrem Deutungssystem an eine Grenze gestoßen, wo Sie in der Deutung nicht weiterkommen und sich dadurch im Kreis drehen. In dem Fall sollten Sie es um alternative Deutungsstrategien ergänzen oder auf ein adäquateres Deutungssystem umsteigen. Auf jeden Fall gibt es Lösungen, die Sie wieder auf den richtigen Deutungsweg zurückführen und weiterhin auch sicher navigieren.

Sofern Sie bisher ohne jegliche Methodik aufs Geratewohl eine Legung angegangen sind, ist es keinesfalls verwunderlich, dass Sie »im Nebel stochern«. Dann kommen Sie um ein solides Fundament zur Deutung der Karten nicht herum. Wenn Sie das nächste Mal in ein Flugzeug steigen, wünschen Sie sich ja auch einen Piloten, der weiß, was er tut. Lesen Sie dazu Kapitel 9 ›Gefährliches Halbwissen‹.

Haben Sie einzelne Passagen über- oder unterbewertet?

Wie im Kapitel 10 ›Hang zum Übertreiben‹ erklärt, verleiten die Karten zu überzogenen Darstellungen. Allzu leicht lässt man sich durch eine ungewöhnliche Kombination dazu hinreißen, ein Ereignis oder eine Entwicklung übertrieben zu bewerten. Die Inszenierung in unserem Kopf weicht am Ende deutlich von der Realität ab. Aus einem Zwischenerfolg wird schnell ein Triumphzug, aus einer liebevollen Geste gleich ein Heiratsantrag und aus der Zweiraumwohnung mit Gärtchen eine Wunschimmobilie in Traumlage.

Das richtige Maß einzuschätzen ist aber nicht nur Erfahrungssache. Selbst als Profi neigt man das ein oder andere Mal zu einer gewissen Dramaturgie, wenn die Karten außergewöhnliche Formationen zeigen. Im realen Leben bewahrheitet sich aber meist nur eine abgeflachte und abgesoftete Version dessen, was beim Legen der Karten ausgemalt wurde. Daher ist es immens wichtig, mit den Aussagen nicht zu dick aufzutragen, alles ins richtige Verhältnis zu setzen und mit Extremen in die positive wie negative Richtung dosiert und vorsichtig umzugehen.

Umgekehrt geschieht es, dass Sie bedeutungsvolle Aspekte im Kartenbild zu wenig beachten oder gar übersehen, meistens handelt es sich um die »negative Fraktion«. Das passiert vor allem dann, wenn Sie sich im Zuge der Deutung schon auf eine bestimmte Tendenz eingeschossen haben und Sie sich nicht mehr durch auftauchende »Störenfriede« im Kartenbild davon abbringen lassen möchten. Karten und Kombinationen, die den Film im Kopf wie eine lästige Werbepause unterbrechen könnten, werden dabei ausgeblendet. Denn diese würden sonst dazu führen, das errichtete Gedankengebäude durch etwaige Widersprüche und Widrigkeiten ins Wanken zu bringen. Aber diese »Störenfriede« haben sich ja nicht zu dem Zweck eingefunden, Ihre positive Deutung zu torpedieren. Sie haben definitiv einen Grund, vor allem wenn sie an mehreren Stellen des

Kartenbildes auftreten. Damit wollen sie die Aufmerksamkeit auf sich ziehen und Ihnen mitteilen, dass es Haken und Steine gibt, die die Situation des Ratsuchenden entscheidend beeinflussen.

Sie dürfen keinesfalls unangenehm erscheinende Konstellationen missachten, nur um ein schönes Deutungs-(Wunsch-)Bild aufrechtzuerhalten! Das ist einer der größten Interpretationsfehler. Wenn Sie merken, dass Ihre Deutung unangenehme Aspekte unterbewertet oder auslässt, sollten Sie Ihre Wahrnehmung für das Gesamtbild schärfen, indem Sie bewusst alle wichtigen Punkte abgehen und in die Deutung aufnehmen, auch wenn dabei Widersprüche zu positiven Konstellationen entstehen sollten. Aber mit diesen unerwünschten Facetten und unerfreulichen Aspekten müssen Sie lernen umzugehen.

Werden Sie schon zu Beginn der Deutung unsicher?

Oft wird aus der Deutung »kein Schuh«, wenn sich schon beim bloßen Anblick des Kartenbildes eine größere Unsicherheit in Ihnen breitmacht. Zweifel an den eigenen Deutungsfähigkeiten, Überforderung beim Deuten oder Angst, etwas Falsches zu sagen, können die Ursachen für die Befangenheit sein. Legen Sie nur für sich, spielt die Unsicherheit keine Rolle. Sie können sich dabei so viele Fehler erlauben, wie Sie wollen. Ist allerdings Ihre Expertise gefragt, ist Unsicherheit eine denkbar ungünstige Voraussetzung für eine zuverlässige Deutung.

Das »Schreckgespenst« taucht häufig bei der Großen Tafel auf, da sie ein hochkomplexes Gebilde darstellt, das viel Erfahrung und

Übung bei der Deutung voraussetzt. Gestehen Sie sich ein, wenn Sie mit der Großen Tafel überfordert sind. Auf meinem Blog weise ich immer wieder darauf hin, dass die Große Tafel leicht zu Frustrationen führen kann, wenn man ihrer Deutung noch nicht gewachsen ist.

Wenn Sie meinen Blog oder meinen YouTube-Kanal verfolgen, wissen Sie bereits, dass ich ein großer Fan und Verfechter bin von der kleinsten und einfachsten Legeart überhaupt – der 3er-Kombination. Kleine Legungen sind meist nicht nur wesentlich leichter zu lesen, sondern auch zielführender, wenn es um bestimmte Fragestellungen geht. Einen Großteil der Fragen lässt sich sogar mithilfe von 3er-Kombinationen abdecken. Es ist unbedingt ratsam, auf kleinere Legesysteme umzusteigen, wenn die Unsicherheit so groß ist, dass sie zu Druck und Blockaden führt. Andernfalls tun Sie weder sich selbst noch Ihrem Gegenüber einen Gefallen.

Fühlen Sie sich auch bei kleinen Legungen noch zu unsicher, ist Beraten mithilfe der Karten keine gute Wahl. Geben Sie sich unbedingt die Zeit, die Sie brauchen, um deutungssicher zu werden. Sie wachsen da rein, aber beherzigen Sie immer Ihr eigenes Lerntempo, siehe auch Kapitel 2 ›Tempolimit‹. Erst wenn Sie die kleinen Legungen (also alle bis auf die Große Tafel) so sicher beherrschen wie beim Kochen Ihr Lieblingsrezept, sind Sie dazu in der Lage, die Karten für andere zu legen.

Ein Tipp, der immer wahre Wunder wirkt: Sprechen Sie nur das aus, was für Sie klar und deutlich erscheint. So ersparen Sie sich Fallstricke.

Aus eigener Erfahrung weiß ich, wie schwierig es als Einsteiger die erste Zeit ist, sich auf die wesentlichen Aussagen eines Kartenbildes zu fokussieren. Ich habe eine ganze Weile dafür gebraucht, zugleich aber auch umso mehr erkannt, dass Transparenz und Sicherheit beim Deuten alles ist. Gerade am Anfang will man unbedingt alles preisgeben, was man sieht oder zu sehen glaubt. Man denkt, damit einen kompetenten Eindruck zu vermitteln und Vertrauen zu schaffen. Doch genau das Gegenteil ist der Fall. Denn mit vagen Thesen nehmen Sie sich selbst den Wind aus den Segeln, weil Sie dadurch in sich und somit auch beim Gegenüber Verunsicherung hervorrufen. Vermeiden Sie daher Aussagen, die Sie nicht eindeutig im Kartenbild verifizieren können. Erwähnen Sie nur das, wozu Sie stehen. Je mehr Sie Ihre Aussagen nach Sicherheitsgefühl selektieren, umso höher liegt Ihre Trefferquote. Weniger ist mehr!

– KAPITEL 17 –

Von A wie Austauschkarten zu Z wie Zusatzkarten

Inzwischen gibt es auf dem Markt eine nahezu unüberschaubar große Anzahl an Lenormand-Kartendecks. Sie unterscheiden sich in Stilrichtung, Format, Darstellungsweise und neuerdings sogar in der Kartenanzahl. Früher gab es nur Decks, die gemäß der klassischen Lenormandsymbolik aus 36 Karten bestanden. Heute überraschen etliche Neuerscheinungen mit einem erweiterten Symbolumfang. Dabei gilt es zu unterscheiden, ob es sich um Austauschkarten oder Zusatzkarten handelt. Austauschkarten tragen dieselbe Ziffer wie ihr Pendant aus den 36 Hauptkarten und können anstelle dessen verwendet werden. Zusatzkarten sind dagegen eine Fortführung der herkömmlichen Symbolik. Sie tragen eigene Ziffern und führen neue Symbole ein. Daher fangen sie mit der Karte 37 an.

Austauschkarten

Populäre Decks wie das *Gilded Reverie Lenormand*, das *Celtic Lenormand* oder das *Blue Bird Lenormand* verfügen über sogenannte Austauschkarten, die bestimmte Symbole des Decks ersetzen können.[2] Für die beiden Hauptpersonen gibt es zum Beispiel im *Gilded Reverie Lenormand* ein Ersatzpärchen, dessen Blick sich trifft. Das *Blue Bird Lenormand* hält als Ersatz für das junge Pärchen ein älteres bereit. Im *Celtic Lenormand* wird ein Paar in Alltagskleidung abgebildet, das andere trägt eine Art Tracht. Da an der zwölften Karte immer wieder die Diskussion entbrennt, ob es nicht allgemein und modern gehaltene *Vögel* sein sollten oder ob es traditionell bei den *Eulen* bleiben sollte, bietet das *Gilded Reverie Lenormand* eine Austauschkarte mit *Vögeln* an. Das *Celtic Lenormand* ist sogar noch großzügiger ausgestattet und bietet neben *Eulen* und *Vögeln* sogar eine Karte mit *Hühnern* an! Der Nutzer hat die Qual der Wahl, sich für ein Federvieh zu entscheiden. Findet er alle drei Ansichten interessant, kann er auch alle Austauschkarten dem Deck hinzufügen und jeder von ihnen unterschiedliche Bedeutungen zusprechen, siehe Kapitel 8 ›Am Puls der Zeit‹. Im *Celtic Lenormand* gibt es zudem für die *Schlange* eine Austauschkarte. Eine zeigt die *Schlange* hungrig und angriffslustig auf Beutejagd. Die andere zeigt eine *Schlange* im Häutungsprozess. Auf die Unterscheidung komme ich gleich zurück.

---

[2] Aus urheberrechtlichen Gründen dürfen Karten aus diesen Kartendecks leider nicht abgebildet werden: *Gilded Reverie Lenormand*, Ciro Marchetti, 2017, U.S. Games, *Celtic Lenormand*, Chloe McCracken, 2015, U.S. Games, *Blue Bird Lenormand*, 2016, U.S. Games

Generell haben Austauschkarten den Zweck, persönlichen Präferenzen der Anwender gerecht zu werden. Für viele ist es wichtig, dass sich *Dame* und *Herr* in der Großen Tafel einander den Blick zuwenden können. In der ersten Ausgabe des *Gilded Reverie Lenormand* gab es leider nur ein Paar, das den Blick nicht aufeinander richtete. Künstler und Herausgeber sind dem vielfachen Wunsch der Nutzer nachgekommen und haben in der zweiten Auflage mit den Austauschkarten dafür gesorgt, dass sich die schmachtenden Blicke zufallen.

Aber es wurde auch einem anderen Umstand Rechnung getragen: Für homosexuelle Beziehungen gab es bislang als Stellvertreter immer nur *Dame* und *Herr*. Unter Hinzunahme der Austauschkarten können endlich auch zwei *Damen* oder zwei *Herren* den Platz einnehmen. Diese Lösung war aus meiner Sicht längst überfällig. Traditionelle Decks wie die *Blaue Eule* bieten nämlich keine Alternative zu der männlichen und weiblichen Hauptpersonenkarte und bereiten damit gewisse Zuordnungs- und Darstellungsprobleme. Auch bei meinen eigenen Zusatzkarten zum *Epic Light Lenormand* Kartendeck habe ich deshalb Austauschkarten für *Herr* und *Dame* eingefügt.

Dennoch gibt es noch eine weitere Möglichkeit der Nutzung: Alternativ können der neue *Herr* und die neue *Dame* als ergänzende Personenkarten eingesetzt werden. Überdies gibt es in meinem Deck zwei weitere neue Figuren: eine *Heilerin* und einen *Priester*. Diese beiden Personenkarten sind keine Austauschkarten, sondern Zusatzkarten. Somit sind insgesamt sechs Hauptpersonen im Spiel »handlungsfähig«. Angesichts des chronischen Personenmangels im klassischen Deck schaffen die beiden zusätzlichen Hauptpersonenkarten sowie die erweiterten Personenkarten Abhilfe.

Ich halte die Arbeit mit Austauschkarten für Anfänger eher für ungeeignet (außer beim Einsatz bzw. Ersatz von *Personenkarten*). In der Einstiegsphase sollte der Fokus allein auf der Grundsymbolik des Lenormand liegen. Da diese ohnehin schon komplex genug ist und einiger Einarbeitungszeit bedarf, würden weitere Symbolvarianten vom ursprünglichen Symbolgehalt unnötig ablenken.

Wer bereits gefestigte Kenntnisse besitzt, kann durchaus von den Austauschkarten profitieren. Sie ermöglichen eine differenziertere Wahrnehmung des Symbols. Am erwähnten Beispiel der *Schlange* im *Celtic Lenormand* wird die Unterscheidung deutlich: Die gefährlich erscheinende *Schlange* zeigt ihre bedrohliche, manipulative, berechnende Seite. Die sich häutende *Schlange* drückt hingegen Wandlung und Weisheit aus. Werden beide *Schlangen* im Spiel behalten, kann bei einer Ziehung einer der *Schlangen* ihre Deutung sehr leicht voneinander abgegrenzt werden. Das ist ein wesentlicher Vorteil von Austauschkarten, allerdings wie schon erwähnt nicht für alle Anwender, sondern nur für Kenner. Für Neulinge ist es ratsam, erst ein Symbol in seiner Ganzheit wahrnehmen und deuten zu lernen und nicht von Beginn an mit Splittungen zu arbeiten. Sobald man nämlich wieder auf ein klassisches Kartendeck wechselt, entfällt die gut gemeinte Hilfestellung bei der Deutung des entsprechenden Symbols. Dann sind wieder die eigenen Kenntnisse gefragt, um aus einer Karte wie der *Schlange* die richtige Bedeutung aus ihrem ganzen Spektrum herauszulesen.

Ein weiterer nennenswerter Vorteil besteht darin, dass man sich aus dem Angebot von Austauschkarten diejenige heraussuchen kann, die stärker mit dem inneren Bild des Symbols korrespondiert. So gibt es zwei Varianten des *Baumes* im *Celtic Lenormand*, einen sommerlichen und einen winterlichen. Das Motiv, das weniger der bevorzugten Ansicht gleicht, könnte man einfach aus dem Spiel lassen.

Die Teilung des *Baumes* in zwei Karten sehe ich weniger als eine Auftrennung der Bedeutungen wie im Fall der *Schlange*. Hier scheint es für mich eher eine Geschmacksfrage zu sein, welches Motiv sein Nutzer bevorzugt.

Welche Verwirrung Austauschkarten bei Anfängern auslösen können, zeigt ein weiteres Beispiel aus dem *Celtic Lenormand*. Als Alternative zum *Hund* gibt es eine *Katze*. Eine nette Idee, wenn man berücksichtigt, dass es ebenso viele Katzen- wie Hundeliebhaber gibt, die aber bis jetzt ihren Felltiger in den Lenormandkarten nicht vorfanden und dafür den *Hund* als Stellvertreter einsetzen mussten, wenn sich ein Anliegen um das Tier drehte.

Jedoch wäre es ein Frevel, blindlings die Bedeutungen des *Hundes* auf die *Katze* zu übertragen. Denn eine *Katze* symbolisiert in keiner Weise die Eigenschaften, die sich dem *Hund* traditionell zuordnen lassen. Eine *Katze* hat eben ein ganz anderes Wesen, das nach neuen, eigenständigen Bedeutungen verlangt.

Während es sich also beim Symbol der *Schlange* lediglich um eine Aufteilung ihres Symbolgehalts auf zwei Karten handelt, ist im Fall der Ersatzkarte für den *Hund* ein neues Symbol geschaffen worden, das aus meiner Sicht eher einer Zusatzkarte gleichkommt. Als solche ergibt die *Katze* nämlich einen Sinn und zusätzlichen Nutzen. Das *Mondnacht Lenormand Zusatzkarten* Kartendeck enthält das Symbol der *Katze*, welches im dazugehörigen Booklet in seinen Eigenschaften erläutert wird.

Aus meiner Sicht sind Austauschkarten zwar ein angenehmes Beiwerk und im Falle der alternativen Personenkarten sogar eine ernsthafte Problemlösung. Ansonsten halte ich sie doch eher für eine Spielerei für Fortgeschrittene. Ihr Mehrwert für die Deutung hält sich stark in Grenzen. Zudem stimmen die Symbole der Austauschkarten inhaltlich nicht immer mit der Referenzkarte überein, was sie als Austauschkarte in gewisser Weise zweckentfremdet.

Zusatzkarten

Zusatzkarten sind eine noch junge Erfindung, erfreuen sich aber ständig wachsender Beliebtheit. Da es Zusatzkarten in der Geschichte des Lenormand vorher nicht gab, sind auch keine Vorgaben oder Vorlagen entstanden, an denen sich Designer bei der Erschaffung orientieren könnten oder sollten. Hier genießt jeder Künstler Gestaltungsfreiheit. Das schenkt viel Raum für Bilder, mit denen der Künstler aus seiner Sicht die Welt des Lenormand erweitert und bereichert. Das *Gilded Reverie Lenormand* Kartendeck war eines der Pioniere mit einer Reihe von acht Zusatzkarten, die 2017 in Deutschland erschienen ist.

Da mich die Idee einer neuen Symbolschöpfung fasziniert und ich darin einen großen Nutzen für die Deutung sehe, habe ich zu meinem klassischen *Epic Light Lenormand* Kartendeck ein Set aus 34 Zusatzkarten (plus zwei Austauschkarten für *Herr* und *Dame*) herausgegeben. Jedes der neuen Lenormandmotive ergänzt die alte Symbolreihe auf sinnvolle Weise.

Was die neue Symbolreihe einzigartig macht, sind einige außergewöhnliche Symbole, die bislang in keiner auf dem Markt verfügbaren Erweiterung vorkommen, darunter Karten wie der *Kuss*, das *Telefon*, der *Salon*, die *Tür* oder der *Knoten*. Zudem gibt es vier *Jahreszeitenkarten*. Diese sollen eine differenziertere zeitliche Einordnung ermöglichen. Eines spricht unbestritten für Zusatzkarten: Die Vielfalt der neu entstandenen Symbolik erschafft einzigartige Möglichkeiten für die Anwendung und Interpretation der Karten. Hiermit werden die Grenzen der alten Symbolkraft gesprengt und um mehrdimensionale Deutungsräume erweitert.

Die Unterschiedlichkeit der Symbole macht jede Edition zu vollkommen eigenständigen Kreationen, die von den individuellen Vorstellungen des jeweiligen Künstlers geprägt sind. Dabei kommt es aber entscheidend darauf an, die Symbolik der neuen Karten mit den Bestandskarten verschmelzen zu lassen. Die Erweiterung darf nicht wie eine Serie an Lenormandkarten wirken, die für sich alleine steht. Jedes neu erschaffene Motiv muss sich wie selbstverständlich in den vorgegebenen Kontext einfügen, so als würde es die Geschichte des Lenormand ein Stück weitererzählen. Die Symbole der Zusatzkarten sollen den Betrachter näher heranholen, sodass er mit der Lenormandwelt noch intensiver in Kontakt kommt. Dabei sollen sich ihm neue Perspektiven und Blickwinkel eröffnen.

Bei manchen Motiven ist das wie ein Heranzoomen an vertraute Lenormandbilder: Das *Portal* (*Epic Light Lenormand Zusatzkarten*), stellt einen Teil des Hauses bzw. eines Gebäudes dar. Der Betrachter sieht auf dieser Zusatzkarte nurmehr den Durchgang und nicht das ganze Gebäude wie auf der Karte *Haus*. Das Tor des *Portals* steht offen und führt in einen wunderschönen Garten. Damit wird dem Betrachter bewusst, welche elementaren Eigenschaften ein Portal bzw. ein Eingang mit sich bringt. Es bedeutet, etwas Neues zu betreten, sich auf etwas Neues einzulassen, von etwas Schönem empfangen zu werden. Noch weiter hinein ins Gebäude führt uns die Karte *Salon*. Im Vergleich zum *Portal* führt sie nicht in einen Außenraum, sondern in einen Innenraum, dorthin, wo nur geladene Gäste dürfen. Durch den Blick in die »heiligen Hallen« des Hauses werden Intimität und gleichsam Exklusivität geschaffen. Hier finden Begegnung und Austausch statt, alles hinter verschlossenen Türen.

Kathleen Bergmann · *Epic Light Lenormand Zusatzkarten* · 2021

Vom *Haus* entfernt ins Weite hinaus wandert der Blick, wenn wir die Karte *Brücke* betrachten. Bei dieser Zusatzkarte des *Epic Light Lenormand* wird der Blick des Betrachters über die bekannte Motivwelt hinausgetragen. Er wandert hin zu einer *Brücke*, die sich aus der Landschaft des *Baumes*, des *Parks* oder der *Wege* ergibt. Hier wird man vom Gebäude weggeführt und zu neuen Ufern gebracht. Damit beschreibt die *Brücke* das Beschreiten eines neuen Levels, einer weiteren Ebene und die Überwindung von Grenzen und Hindernissen. Sie sehen selbst, wie Zusatzkarten Perspektivwechsel ermöglichen und damit weiterführende sowie vertiefende Deutungsaspekte ins Spiel bringen.

Manch kritische Stimme behauptet, Zusatzkarten würden nur Bedeutungen widerspiegeln, die schon längst da sind. Meiner Meinung nach ist das zu kurzsichtig, denn kein Symbol wird neu erschaffen, nur um ein altes zu kopieren. Das wäre überflüssig.

Jedes Symbol hat seine eigene Bestimmung und daher auch seine eigene Bedeutung. Zwar kommen Überschneidungen mit den Bestandskarten vor, aber diese gibt es zwischen allen Lenormandsymbolen. So wissen wir von der altbekannten Symbolik, dass beispielsweise der Begriff *Vertrauen* zugleich von *Hund, Haus, Schlüssel* und *Anker* dargestellt wird.

Auch bergen Zusatzkarten die ein oder andere Bedeutung, die bereits von den Hauptkarten bekannt ist. Jedoch steckt dahinter keine Unbedachtheit, sondern eine wohlüberlegte Intention. Es kann sehr wohl von Nutzen sein, Bedeutungen einer Karte auszulagern, indem man sie einer neuen zuteilt. Besonders wenn die Hauptkarte reich an unterschiedlichen Bedeutungen ist, hilft die »Entschlackung«. Zum

Beispiel sind Aspekte der *Sense* wie *Unvorhersehbarkeit* im *Gilded Reverie Lenormand* auf die *Würfel* übertragen worden. In den *Epic Light Lenormand Zusatzkarten* sind Bedeutungen der *Sense* wie *Aggression* oder *Angriff* auf das *Schwert* übergegangen.

Zusatzkarten lösen ein weiteres eklatantes Problem, das wir alle kennen: Wird eines der 36 herkömmlichen Symbole als *Themenkarte* eingesetzt, also als Stellvertreter für ein bestimmtes Thema, ist diese Karte aufgrund der »Ausübung ihres Amtes« quasi besetzt. Ihre anderen Bedeutungen stehen nur noch bedingt für die Deutung zur Verfügung. Das kann zum Beispiel bei *Themenkarten* wie dem *Turm* zu Konflikten führen.

Wird der *Turm* innerhalb einer Legung als Stellvertreter für rechtliche Angelegenheiten oder eine Behörde fixiert, sind seine restlichen Bedeutungen wie *Niederlage, Einschränkung, Schikane* oder *Trennung* weitestgehend ausgeklammert. Der gesamten Deutung fehlen nun diese Bedeutungen. Zur Lösung des Problems kann zum Beispiel bei meinen *Epic Light Lenormand Zusatzkarten* die *Waage* anstelle des *Turms* als *Themenkarte* für Behördliches herangezogen werden. Damit bleibt der *Turm* mit all seinen Aspekten frei, und es entstehen keine Deutungskonflikte.

Die erweiterten Karten sind aber bei Weitem nicht nur als neuer »Datenträger« für alte Bedeutungen gedacht. Vielmehr kommen ihnen grundlegende Bedeutungen zu, die im herkömmlichen Symbolumfang keinen Platz fanden. Sie geben wichtigen, bisher unbeheimateten Bedeutungen ein Zuhause. Damit besitzen viele Zusatzkarten ein Alleinstellungsmerkmal. Beispielsweise wird der Aspekt der *Zeit* durch die *Uhr* erfasst. *Musik* durch das *Klavier*. Ein *Kuss* durch die gleichnamige Karte und *Medizin* durch die Karte *Gift* (alle aufgeführten Karten stammen aus den *Epic Light Lenormand Zusatzkarten*). Diese Begriffe konnten bislang nur schwer oder gar nicht den 36 Hauptkarten zugeordnet werden. Nun haben sie ein eigenes »Zuhause«.

Zudem bieten Zusatzkarten den Raum für individualisierte Bedeutungen. Entsprechend der persönlichen Präferenzen können einzelnen Karten neue Aspekte zugewiesen werden. Denn im Grunde ist jede Zusatzkarte wie ein unbeschriebenes Blatt.

Auch wenn ich als Urheberin des *Epic Light Lenormand Zusatzkarten* diesen bereits feste Bedeutungen zugeordnet habe, steht es jedem frei, weitere Aspekte nach Belieben zu verteilen. Wie in Kapitel 8 ›Am Puls der Zeit‹ erwähnt, können Sie dieses Prozedere auch bei den 36 Hauptkarten durchführen. Allerdings birgt das den Nachteil, dass die Hauptkarten mit Begriffen bereits ziemlich »vollgestopft« sind und jeder weitere den Bedeutungsumfang aufbläht.

Eigene Bedeutungen lassen sich somit in den Zusatzkarten leichter verschlagworten. Sie haben die Wahl, welche Symbole Sie mit zusätzlichen Begriffen bereichern möchten. Dabei kommt es nicht darauf an, ob jemand anderes diese Wahl nachvollziehen kann. Allein für Sie muss die Bedeutung zur Karte passen. Ob die Zuordnung aus intuitiven oder logischen Gesichtspunkten heraus geschieht, ist unerheblich. Was einzig zählt, ist der Nutzen des individuell zugewiesenen Begriffes. Sofern die Zuordnung für Ihre Deutung ein klares Plus darstellt und zugleich für mehr Klarheit sorgt als Verwirrung stiftet, ist alles erlaubt.

Auch wenn Zusatzkarten einige Deutungsprobleme lösen, gibt es einen erwähnenswerten Nachteil, nämlich die meist fehlende Austauschbarkeit mit anderen Decks. Jede Edition ist vom Design und Format perfekt auf das »Mutterdeck« abgestimmt, was eine Kompatibilität mit anderen Decks in aller Regel erschwert.

Ein weiterer Nachteil ist, dass das Wissen zu den Bedeutungen und Kombinationen der Karten nicht so kollektiv gestreut ist wie bei den Hauptkarten. Dadurch ist der Nutzer von Zusatzkarten auf wenige Informationsquellen beschränkt bzw. muss sein Wissen zu einem großen Teil auf eigenen Praxiserfahrungen gründen. Alles in allem überwiegen aber die Vorteile von Zusatzkarten. Die Tradition und Weisheit der fest etablierten Sammlung soll dadurch nicht verändert, sondern lediglich um nützliche Aspekte und praktische Funktionen erweitert werden mit dem Ziel, der Deutung noch mehr Genauigkeit und Gehalt zu schenken. Und was spricht dagegen, die Symbolwelt des Lenormand zu bereichern?

Soweit ich erfahren habe, erfreuen sich mehr und mehr Lenormandnutzer an der Bedeutungsvielfalt, die ihnen die Zusatzkarten schenken – und das sogar weltweit. Gerade hier eröffnet sich ein ganz neuer Zweig des großen »Lenormand-Forschungsprojekts«, das ich in Kapitel 8 ›Am Puls der Zeit‹ bereits erwähnt habe. Wir haben jetzt die Möglichkeit, neue Lenormandgeschichte zu schreiben!

Noch ein Wort zum Schluss

Wissen Sie, an wen ich das dickste Lob ausspreche? An Sie! Ja, richtig – Sie sind gemeint. »Warum?«, werden Sie sich jetzt fragen. Weil Sie den Umgang mit den Karten nicht auf die leichte Schulter nehmen, sondern sich Ihrer Verantwortung bewusst sind. Es gibt viele, die Karten legen, aber nur wenige, die sich mit dem richtigen Einsatz der Karten auseinandersetzen. Viele glauben, dass es einfach nur darauf ankommt, erfolgreich Vorhersagen zu treffen. Das mag vielleicht bis zum Ende des letzten Jahrhunderts ausreichend gewesen sein. Damals gab es keine Lebensberatung, wie wir sie im heutigen Sinne kennen.

Blicken wir zurück: Während einer Séance zu Mme Lenormands Zeit ging es um nichts weiter als die Deutung der Zukunft, die sie schonungslos entblößte. Nicht selten weissagte sie große Siege und nicht minder große Niederlagen. Sie beschwor Aufstieg und Fall, Leben und Tod. Nichts für zarte Gemüter. Damals wurde Kartenlegen im Hinterzimmer der adligen Salons heimlich praktiziert. Über das Prophezeite fiel ein Mantel des Schweigens, sobald die Meisterin wie ein Geist aus dem Raum schwebte. Was zurückblieb, war die bleierne Schwere ihrer Prognosen, die fortan die Geschicke der Fragenden leiteten. Ein jeder musste sie für sich bewahren, in Hoffnung verwandeln oder in Kummer versenken. Es galt als gesellschaftliches Tabu, darüber zu reden. Kartenlegen und Kartenlegen lassen waren bis weit ins 20. Jahrhundert hinein Sakrilege.

Heute hat sich nicht nur die Haltung zum Kartenlegen fundamental geändert, sondern auch dessen Praxis. Darum erfordert Kartenlegen weitaus mehr. Vor allem ein Mehr an fachlicher Kompetenz, Empathie, Verantwortungsbereitschaft und Beratungsqualität. Auch wenn Sie nur im kleinen Rahmen für andere in die Karten schauen, sollten Sie genau wissen, was Sie tun. Denn ob der Ratsuchende Sie dafür bezahlt oder nicht, Sie mehr oder weniger gut kennt, macht keinen Unterschied.

In dem Moment, wo Sie Ihr Deck auspacken und auf den Tisch legen, sind Sie ein Kartenleger, ganz gleich ob eine gute Bekannte oder ein Klient um Ihren Rat bittet. Denn auch wenn Sie Kartenlegen nicht zu Ihrem Beruf gemacht haben, tun Sie genau das gleiche wie jemand, der damit professionell arbeitet: Sie lesen aus dem Kartenbild Botschaften, die Sie an Ihr Gegenüber weitergeben. Ihre Worte haben Gewicht. So viel, wie der Ratsuchende davon in seinem Kopf und Herzen tragen kann. Jede getroffene Aussage hinterlässt Spuren, bewegt, berührt, begleitet. Somit bleiben Sie und Ihre Karten immer im Gedächtnis – im Idealfall positiv.

Wenn Sie umsetzen, was Sie in diesem Buch gelernt haben, sind Sie auf dem besten Weg, ein unvergesslich und unvergleichlich guter

Kartenleger zu werden. Einer, an dessen Worte man sich gerne erinnert. Nicht, weil Sie damit eine rosige Zukunft ausgemalt haben, sondern weil Sie glaubwürdig sind. Anstelle mit den Karten einen fatalistischen Schicksalsglauben hervorzurufen, nutzen Sie diese als Coaching-Instrument. Über die Kartenlegung zeigen Sie nicht nur, was geschieht, sondern helfen dem anderen zu lernen und sich zu entwickeln.

Aus zeitgemäßer Sicht sind Lenormandkarten ein Mittel zur Selbstermächtigung und Selbsterkenntnis. Im Tarot ist dieser Gedanke schon längst etabliert. Beim Lenormand sollten wir alle, die sich dazu befähigt sehen, die Karten kompetent einzusetzen, weiter daran arbeiten.

Sie gehören nun zum Kreis der fachkundigen Lenormandnutzer und -berater, weil Sie mehr als nur eine Lenormandausbildung durchlaufen haben. Sie haben etwas Entscheidendes dazugelernt, nämlich den korrekten Umgang mit den Karten, der Ihre Arbeit auf ein anderes Niveau hebt. Wie ein Rohdiamant hat Ihr Können einen Feinschliff erhalten und Ihre Kartenberatung an Kompetenz gewonnen. Verstehen Sie jetzt, warum Ihnen das Lob gebührt?

Diesen Qualitätsbonus in die Praxis umzusetzen und als Standard für Ihre Kartenberatung dauerhaft festzulegen, ist der nächste Schritt. Nicht nur Sie werden davon profitieren, sondern auch Ihre Ratsuchenden. Eben die Menschen, die bei Ihnen Unterstützung, Trost, Aufmunterung und Gewissheit suchen und dafür genau Sie als erfahrenen und einfühlsamen Ansprechpartner ausgewählt haben. Lob und Dank von Ihnen zu erhalten ist die beste Bestätigung, die Sie für eine solide Beratung mit den Karten bekommen können.

Würde Mme Lenormand einen Blick in unsere heutige Zeit werfen und die weltweit wachsende Zahl der Menschen sehen, die mit den nach ihr benannten Karten arbeiten, wäre sie von diesem Widerhall gewiss beeindruckt. Vor allem davon, wie sich der Erlebnishorizont beim Kartenlegen einschneidend verändert hat. Längst ist es nicht mehr unheimlich oder unmoralisch. Wer Karten legt oder sich legen lässt, braucht sich damit nicht mehr zu verstecken. Im Gegenteil: Wir dürfen stolz darauf sein. Denn wir führen nicht nur ein traditionsreiches und kulturell verankertes Erbe fort, sondern haben es zeitgemäß weiterentwickelt.

Wir verleihen dem Kartenlegen einen neuen Stellenwert in der Gesellschaft und etablieren es als modernes, facettenreiches Werkzeug der Lebenshilfe. Dafür zählt Ihre Arbeit!

Wenn Sie Ihr Wissen über die Lenormandkarten weiter vertiefen möchten, lade ich Sie in meine *Welt des Lenormand* ein. Darin finden Sie mich auf folgenden Wegen:

Kostenloses Übungsmaterial, Anleitungen und Erklärungen zur Deutung der Lenormandkarten:
https://www.reichdersterne.de/lenormandblog/

YouTube-Kanal zum Kartenlegenlernen mit Lenormand:
https://www.youtube.com/weltdeslenormand

Lenormand-Kartendecks und Deutungshilfen im Onlineshop:
https://www.kathleen-bergmann.de

Auf Instagram: *weltdeslenormand*

Weitere Lehrbücher von mir mit kompletter Anleitung für die Deutungspraxis der Lenormandkarten:
Der Lenormandkarten-Lehrgang, Basiskurs 1 und 2
Der Lenormandkarten-Lehrgang, Deutungstrainer
Der Lenormandkarten-Lehrgang, Aufbaukurs – Die Große Tafel,
alle erschienen im Shaker Verlag
Die fabelhafte Welt des Lenormand, erschienen im Königsfurt-Urania Verlag

Kathleen Bergmann

Shaker Media

ISBN 978-3-95631-398-1

165 Seiten

Deutsch

Paperback

21 x 14,8 cm

21,90 EUR

Der Lenormandkarten-Lehrgang

Basiskurs I und II - Band 1

Der Lenormandkarten-Lehrgang ist nach einem leicht verständlichen und praxisbezogenen Konzept aufgebaut.

Das in zwei Basiskurse gegliederte Standardwerk liefert Ihnen einen einzigartigen Schatz an fundiertem Wissen über die Lenormandkarten.

Der erste Teil des Lehrbuches weiht Einsteiger in die Geheimnisse des Kartenlegens ein. Darin werden alle Grundlagen für eine solide Deutung einprägsam und lebensnah vermittelt. Die Beschreibung der 36 Karten und die übersichtliche Darstellung aller Besonderheiten wie der „Zwei- Gesichter-Karten" schenken einen umfassenden Einblick in die unterschiedlichen Bedeutungsebenen der Symbolik.

Im zweiten Teil werden die erworbenen Kenntnisse einfach und effektiv anhand zahlreicher Deutungsbeispiele in der Praxis angewandt. Nützliche Tipps rund um die Verwendung der aussagekräftigen Karten vervollständigen die klar strukturierte Anleitung.

Dieses Lehr- und Arbeitsbuch ist auch für Lenormand-Kenner eine wertvolle Hilfe.

Die Lenormand-Expertin und Lebensberaterin Kathleen Bergmann hat seit 2009 erfolgreich mehrere Bücher zum Thema veröffentlicht.

Kathleen Bergmann

Shaker Media

ISBN 978-3-86858-560-5

122 Seiten

Deutsch

Paperback

21 x 14,8 cm

15,90 EUR

Der Lenormandkarten-Lehrgang - Deutungstraining

Der Praxiskurs zum Üben von Kombination und Legung

Band 2 des Lenormandkarten-Lehrganges

- ist der ideale Praxistrainer für das Selbststudium der Lenormandkarten
- gibt Ihnen die Möglichkeit, an vielen Beispielen Kombinationen aus zwei und drei Karten umfangreich zu üben
- zeigt Ihnen anhand von Fallbeispielen, wie Sie mit einer einfachen Legeart Fragen zum Thema Beruf, Liebe und Partnerschaft sowie zu diversen Alltagsangelegenheiten beantworten können
- enthält zu allen Übungen und Fallbeispielen einen umfassenden Deutungsteil mit genauen Erklärungen
- bereichert Sie mit einer Fülle wertvoller Tipps und Hinweise für die richtige Anwendung sowie Deutung der Lenormandkarten
- bietet Ihnen Hilfestellung für Beratungssituationen
- hilft durch zusätzliche psychologische Deutungsweisen bei der Selbsterfahrung

Dieses Buch gibt dem Leser die Möglichkeit, Kartenlegen in der Praxis zu erleben. Die ausführliche Anleitung zu jedem einzelnen Deutungsschritt macht die Kunst des Kartenlegens für Anfänger und Fortgeschrittene leicht verständlich und nachvollziehbar.

Kathleen Bergmann

Shaker Media

ISBN 78-3-86858-624-4

196 Seiten

Deutsch

Paperback

21 x 14,8 cm

27,90 EUR

Der Lenormandkarten-Lehrgang

Aufbaukurs - Die große Tafel - Band 3

Wer glaubt, das Rätsel um die große Tafel des Lenormand sei nicht vollständig zu lösen, wird in diesem Buch eines Besseren belehrt. Der dritte Band aus der Reihe des Lenormandkarten-Lehrganges weiht Sie in das bislang gut gehütete Geheimwissen zur Entschlüsselung des bedeutungsvollsten Legesystems ein.

Die Autorin und Lebensberaterin deckt alle Zusammenhänge auf, die eine umfassende Deutung des Kartenbildes ermöglichen und stützt sich dabei auf ihre langjährige praktische Erfahrung.

Wo die Erklärungen anderer Bücher aufhören, fangen ihre gerade erst an! Mit Klarheit, Präzision und Lebensnähe bringt sie die ganzheitliche Methodik des Kartenlesens auf den Punkt.

Von der Analyse des Ist-Zustandes bis hin zu klar strukturierten Prognose-Techniken werden Sie schrittweise an eine neue Dimension des Kartenlegens herangeführt. So erfahren Sie, welche Aussagekraft sich beispielsweise hinter den Zukunftszeichen, Event-Managern und Partnerkarten verbirgt und welche Fülle an Botschaften die Häuser in der großen Tafel bereithalten. Neben der detaillierten Besprechung zahlreicher Beispiellegungen sorgen anschauliche Grafiken beim Leser für den Aha-Effekt.

Sowohl Einsteiger als auch Kenner der großen Tafel werden diesen Lenormand-Aufbaukurs als wahre Bereicherung empfinden und dank der profunden und kompetenten Anleitung zu erstaunlichen Ergebnissen in der praxisbezogenen Umsetzung gelangen.